LES
CAVALIERS
DE LA
NUIT

PAR

LE VICOMTE PONSON DU TERRAIL

Auteur de

La Tour des Gerfauts, les Tonnes d'Or, Diane de Lancy.

III

PARIS

L. DE POTTER, LIBRAIRE-ÉDITEUR

RUE SAINT-JACQUES, 38.

LES

CAVALIERS DE LA NUIT

Deuxième Partie

LES MARCHES D'UN TRONE

SUITE DES NOUVEAUTÉS EN LECTURE

DANS TOUS LES CABINETS LITTÉRAIRES

La dernière fleur d'une Couronne, par madame la comtesse Dash. 3 vol. in-8.
Madame de la Chanterie et l'Initié, par H. de Balzac. 3 vol.
Laurence de Montmeyllan, par Molé-Gentilhomme. 6 vol. in-8.
Le Garde-chasse, par Élie Berthet. 3 vol. in-8.
Le Beau Laurent, par P. Duplessis, aut. des *Boucaniers*. 4 v. in-8.
La chute de Satan, par Auguste Maquet. 6 vol. in-8.
Rigobert le Rapin, par Charles Deslys, auteur de la *Mère Rainette*, etc., etc. 5 vol. in-8.
Le Guetteur de Cordouan, par Paul Foucher. 3 vol. in-8.
La Chasse aux Cosaques, par Gabriel Ferry. 5 vol. in-8.
Le Comte de Lavernie, par Auguste Maquet. 4 vol. in-8.
Montbars l'Exterminateur, par Paul Duplessis. 5 vol. in-8.
Un Homme de génie, par madame la comtesse Dash. 3 vol. in-8.
Le Garçon de Banque, par Élie Berthet. 2 vol. in-8.
Les Lorettes vengées, par Henry de Kock. 3 vol. in-8.
Roquevert l'Arquebusier, par Molé-Gentilhomme. 4 vol. in-8.
Mademoiselle Bouillabaisse, par Ch. Deslys. 3 vol. in-8.
Le Chasseur d'Hommes, par Emmanuel Gonzalès. 2 vol. in-8.
L'Usurier sentimental, par G. de la Landelle. 5 vol. in-8.
L'Amour à la Campagne, par Maximilien Perrin. 3 vol. in-8.
La Mare d'Auteuil, par Ch. Paul de Kock. 10 vol. in-8.
Les Boucaniers, par Paul Duplessis. 3 vol. in-8.
La Place Royale, par madame la comtesse Dash. 5 vol. in-8.
La marquise de Norville, par Élie Berthet. 5 vol. in-8.
Mademoiselle Lucifer, par Xavier de Montépin. 5 vol. in-8.
Les Orphelins, par madame la comtesse Dash. 5 vol. in-8.
La Princesse Palliance, par le baron de Bazancourt. 5 vol. in-8.
Les Folies de jeunesse, par Maximilien Perrin. 3 vol. in-8.
Livia, par Paul de Musset. 5 vol. in-8.
Bébé, ou le Nain du roi de Pologne, par Roger de Beauvoir. 3 vol. in-8.
Blanche de Bourgogne, par Madame Dupin. 2 vol. in-8.
L'heure du Berger, par Emmanuel Gonzalès. 2 vol. in-8.
La Fille du Gondolier, par Maximilien Perrin. 2 vol. in-8.
Minette, par Henry de Kock. 7 vol. in-8.
Quatorze de dames, par madame la comtesse Dash. 5 vol. in-8.
L'Auberge du Soleil d'or, par Xavier de Montépin. 4 vol. in-8.
Débora, par Méry. 5 vol. in-8.
Les Coureurs d'aventures, par G. de la Landelle. 5 vol. in-8.

(Pour la suite des Nouveautés, demander le Catalogue général qui se distribue gratis).

Imprimerie de Gustave Gratiot, 30, Mazarine.

LES
CAVALIERS
DE LA
NUIT

Deuxième Partie

LES MARCHES D'UN TRONE

PAR

LE VICOMTE PONSON DU TERRAIL

Auteur de
La Tour des Gerfauts, les Tonnes d'Or, Diane de Lancy.

III

Avis. — Vu les traités internationaux relatifs à la propriété littéraire, on ne peut réimprimer ni traduire cet ouvrage à l'étranger, sans l'autorisation de l'auteur et de l'éditeur du roman.

PARIS
L. DE COTTER, LIBRAIRE-ÉDITEUR
RUE SAINT-JACQUES, 38.

SCÈNES DE LA VIE DE CAMPAGNE

LES

PAYSANS

PAR H. DE BALZAC

Les *Paysans*, on le sait, forment une des grandes catégories dont la réunion devait compléter l'œuvre immense entreprise par l'illustre romancier sous le titre de la *Comédie Humaine*. L'idée dominante de cette magnifique étude est l'antagonisme profond qui sépare le paysan du bourgeois. Idée féconde, éminemment dramatique où se développent, dans des scènes d'un intérêt puissant, des caractères dont la vérité, la profondeur, l'originalité saisissante, rappellent les plus hautes créations du grand écrivain. Ainsi les personnages de Fourchon, de Michaud, de la Mouche, de la Péchina, l'étrange et horrible famille des Tonsard, la curieuse et effrayante figure de Rigou ; variété d'avare dont le type égale, s'il ne les surpasse, les types devenus si populaires de Grandet et de Gobseck, font de cette œuvre une des plus complètes et des plus intéressantes qui soient sorties de la plume de Balzac.

ROBERT LE RESSUSCITÉ

PAR

MOLÉ-GENTILHOMME ET CONSTANT GUÉROULT

Le public, vivement impressionné par le succès des derniers livres de MM. Molé-Gentilhomme et Constant Guéroult, attendait avec impatience l'œuvre nouvelle que nous annonçons sous ce titre. Cette attente n'a pas été trompée. Jamais roman historique n'avait réuni à un plus haut degré les éléments qui font la valeur de ces sortes de compositions. *Robert le Ressuscité* est un tableau dramatique et saisissant de la France sous Charles V. Les scènes de routiers, bizarres et hardies, s'y mêlent heureusement à de gracieux paysages et à une intrigue d'amour des plus attendrissantes. Les types de Robert et de Raoul de Fenestrange, ceux de Clochepain, du jeune page Lorenzino et d'Aïssa la Candiote, resteront comme des modèles de noblesse, de vrai comique, de passion et d'énergie. On reconnaît dans cet ouvrage la touche vigoureusement accentuée des deux écrivains qui ont écrit *Roquevert l'Arquebusier*, ce roman dont le succès prodigieux, constaté par des reproductions sans nombre et par des traductions dans presque toutes les langues, doit être compté parmi les plus solides et les plus réels de la librairie moderne.

LES MARCHES D'UN TRONE

ii

CHAPITRE PREMIER

I

— Juan !

— Votre Seigneurie?...

— Tu selleras Achmed, mon cheval mauresque, le plus beau de mes écuries.

— Oui, monseigneur.

— Donne-moi mon pourpoint de velours noir et or, et mon feutre à plume blanche.

— Les voilà, monseigneur.

— Je veux, en outre, mes plus belles bagues, mes écharpes d'Orient, mes dentelles les plus fines, mes manchettes de point de Venise, et mon épée à lame damasquinée et à fourreau de diamants.

Le valet obéit.

— C'est bien, mon ami Juan; maintenant, parfume mes cheveux et ma barbe avec ces essences que distillent les Maures, et fais tisser ensuite avec des fils d'or et de soie la blanche crinière d'Achmed.

Or le cavalier qui parlait ainsi et demandait si somptueuse toilette pour son cheval et pour lui, n'était autre que messire don Paëz, colonel général des gardes de Sa Majesté catholique le roi Philippe II.

Le valet auquel il donnait ses ordres était un jeune Maure, au teint de bronze, aux cheveux lustrés, à l'œil bordé de longs cils et d'une expression mélancolique et malicieuse à la fois, aux dents éblouissantes de blancheur.

Juan était un Maure de Grenade, jadis nommé Zagal ; l'inquisition l'avait baptisé et placé sous le patronage de saint Jean-Baptiste.

Messire don Paëz se trouvait alors dans une magnifique salle du palais des rois d'Espagne, à Madrid.

Cette salle faisait partie du logis occupé par le colonel des gardes, le roi aimant assez à avoir près de lui et sous sa main les officiers de sa maison.

Le colonel s'était placé dans un grand fauteuil en face d'un miroir d'acier, et tandis que Juan lui parfumait les cheveux et la barbe, il s'abandonnait à une rêverie profonde. Il se laissa habiller pièce à pièce, sans interrompre sa rêverie; puis, sa toilette terminée, il ceignit son épée, suspendit à son flanc droit sa dague à fourreau d'or, emprisonna ses mains blanches et fines de gants parfumés, mit le poing sur la hanche et se mira longuement et avec complaisance.

Après cet examen minutieux et tandis que Juan allait s'occuper du cheval arabe, don Paëz murmura :

— Par saint Jacques de Compostelle, patron des Espagnes, s'il se trouve à la cour du roi Philippe II plus galant gentilhomme que moi, je consens à troquer mon nom de don Paëz contre celui du premier Maure venu !

Et frisant sa moustache d'un noir d'ébène, don Paëz s'approcha d'un balcon donnant sur les jardins, il s'accouda sur la balustrade et continua sa rêverie.

Il était à peu près quatre heures de relevée : les brises du soir commençaient à faire frissonner le feuillage des arbres, la grande chaleur tombait peu à peu, et dans ce ciel éblouissant de l'Espagne, à l'horizon occidental, couraient çà et là quelques bandes de nuages oranges, gazes flottantes et vaporeuses destinées à envelopper le soleil couchant, comme d'un coquet et poétique linceul.

La ville encore silencieuse terminait

sa sieste, les jardins déserts ne retentissaient que des cris confus de quelques oiseaux bavards, caquetant à droite et à gauche dans des touffes de grenadiers.

Don Paëz laissa errer son regard sur les massifs des jardins, puis il se tourna vers le sablier placé dans un coin de la salle, et qui courait sans relâche avec la rapide lenteur de l'éternité.

— Quatre heures! dit-il, l'infante doit être prête.

En ce moment Juan rentra et dit :

— Achmed est harnaché.

— Bien! répondit don Paëz; appelle le capitaine des gardes.

Juan obéit; le capitaine parut.

C'était un vieux soldat, usé dans les camps, blanchi sous le harnais, et ignorant sur toute chose, hormis sur son métier.

— Monsieur, lui dit don Paëz, vous allez faire monter à cheval votre compagnie tout entière.

Le capitaine s'inclina.

— L'infante dona Juanita, fille de Sa Majesté, se rend ce soir au palais de l'Escurial pour y assister à une grande chasse qui aura lieu demain. Nous l'escorterons. Vous vous placerez à la portière de gauche de sa litière, et moi à celle de droite.

— Pardon, messire, dit le capitaine.

— Qu'est-ce, s'il vous plaît ?

— Le roi vient d'envoyer une compagnie de gendarmes pour escorter l'infante avec nous.

— Corbleu ! s'écria-t-il, en êtes-vous sûr ?

— Très sur, messire.

Don Paëz fronça le sourcil.

— C'est là ce me semble, un affront fait aux gardes ?

— Je ne sais pas, murmura philosophiquement le capitaine ; le roi le veut, cela me suffit.

— Et, fit don Paëz, dont la voix tremblait de colère, qui donc commande cette compagnie ?

— Don Fernand de Valer.

Don Paëz pâlit.

— Ah ! oui, dit-il avec dédain, ce païen baptisé, ce descendant du roi des Maures qui a abjuré l'année dernière, et qui est, dit-on, le plus riche seigneur de la cour ?

— Vous l'avez dit, messire.

— En sorte, reprit don Paëz avec une sourde ironie, que don Fernand de Valer se placera à la portière de l'infante...

— Oui, messire.

— Eh bien ! fit le colonel des gardes avec un sourire hautain, il se placera à celle de gauche, alors! celle de droite m'appartient.

— En effet, dit le capitaine, les gardes ont le pas sur les gendarmes. Mais cependant...

— Eh bien? fit don Paëz.

— Cependant il me semble que si don Fernand se plaçait à la droite de l'infante au lieu de se placer à sa gauche, il n'y aurait là aucun motif de querelle ?

— C'est ce que nous verrons, murmura don Paëz. A cheval, monsieur !

Le capitaine sortit, don Paëz demeura seul.

— Toujours ce Fernand de Valer, murmura-t-il avec colère, toujours lui! Il est beau, il est riche et nul ne sait le nombre de ses trésors; il a, comme moi, la parole hardie, le geste hautain, comme moi il pourrait lui plaire... Et je ne le tuerais pas.

Un bruit confus retentit alors dans les cours intérieures; don Paëz ouvrit une croisée qui faisait face au balcon où naguères il était appuyé, se pencha et vit la compagnie des gendarmes, arrivés de l'Escurial quelques minutes auparavant, se mettre en bataille sur deux rangs avec une admirable précision, aux ordres de son chef.

Ce chef était un beau jeune homme, aux cheveux bouclés naturellement, à l'œil profond et mélancolique, à la lèvre sérieuse, au sourire charmant et grave.

Moins grand que don Paëz, sa taille avait les molles ondulations du tigre, son geste était gracieux et souple, et il maniait un étalon grenadin avec la fantastique habileté des anciens chevaliers maures.

— Sang-Dieu ! exclama don Paëz avec fureur, déjà les gendarmes et pas encore les gardes! Où sont les gardes? Il mit la main à son épée et s'élança à travers escaliers et corridors jusqu'à la cour d'honneur.

Les gardes y arrivaient à leur tour, mais trop tard pour se pouvoir ranger avant que l'infante parût.

— Mon cheval! exclama le colonel hors de lui.

On lui amena le bel Achmed; mais il était à peine en selle, qu'il vit don Fernand de Valer mettre pied à terre, s'avancer vers le perron en haut duquel l'infante venait d'apparaître entre la camarera-mayor et la duchesse de Medina-

Cœli, sa femme d'honneur, et lui offrir son poing, selon la mode du temps.

Don Paëz rugit et déchira de fureur la dentelle de sa manchette.

L'infante remercia don Fernand d'un sourire, et se laissa conduire jusqu'à sa litière.

Don Paëz s'avança alors et voulut se placer à la portière de droite ; mais don Fernand le prévint et lui dit avec une courtoisie exquise :

— Pardon, monsieur ; mais puisque je viens d'être le cavalier de la princesse, vous ne me refuserez pas ce poste...

La voix de don Fernand de Valer était

harmonieuse, caressante, pleine de persuasion...

Don Paëz sentit sa colère se heurter vainement à cette politesse railleuse, sans qu'un étincelle en pût jaillir...

Il se mordit les lèvres avec désespoir, s'inclina sans mot dire, et alla se placer à la portière de gauche.

Le cortége s'ébranla aussitôt, traversa lentement les rues de Madrid et se déroula peu après sur cette route poudreuse, longue de six lieues, qui sépare la capitale des Espagnes du palais de l'Escurial.

L'infante était seule dans sa litière, les deux dames qui l'accompagnaient en occupaient une autre, suivant à quelque distance.

L'infante était une gracieuse enfant de dix-huit ans, un peu pâle, mais rieuse et mutine, avec un grain de mélancolie. Elle s'était renversée sur les coussins de sa litière, et, les yeux demi-clos, elle rêvait, ne paraissant prendre nulle garde aux deux gentilshommes qui chevauchaient à ses portières, mais leur jetant alternativement, et plus souvent encore à don Paëz, de rapides et furtifs coups d'œil qu'ils n'avaient point le temps de surprendre.

Ils la regardaient cependant tous

deux, mais, chaque fois, leurs yeux se rencontraient, et, de ce regard, semblait jaillir une étincelle...

Don Paëz ne pouvait plonger son œil ardent dans la litière sans se heurter à l'œil profond et calme de don Fernand, dont la portière opposée encadrait la tête mélancolique...

Et quand, à son tour, don Fernand se prenait à considérer l'infante qui sommeillait à demi, il sentait arrêté sur lui l'œil hautain de don Paëz qui le défiait.

Au bout de trois heures de marche, le cortège atteignit un bouquet d'oliviers et de grenadiers, et l'infante témoigna le désir de faire une halte.

Elle descendit même de la litière, prit le bras de la camerera-mayor, et se perdit, sautillante et presque joyeuse, dans les massifs, tandis que sur un ordre de leurs chefs, les gardes et les gendarmes mettaient pied à terre un moment.

L'infante avait oublié dans la litière son éventail et son mouchoir.

Don Paëz s'en souvint et y courut. Don Fernand l'avait devancé et tenait déjà les deux objets.

Cette fois, don Paëz se plaça fièrement devant lui et lui dit :

— Voudriez-vous, monsieur, me céder cet éventail?

— Avec plaisir, monsieur, à la condition toutefois que je conserverai le mouchoir.

— Pardon reprit don Paëz, je désirerais aussi cet objet.

— Impossible! monsieur, répondit don Fernand avec courtoisie.

Don Paëz s'inclina et reprit avec un sourire :

— Pourriez-vous, aux étoiles, deviner l'heure qu'il est?

— Sans doute ; il est huit heures.

— Nous arriverons bien à dix, au palais de l'Escurial ?

— Je l'espère, monsieur.

— Et nous aurons sans doute, avant le coucher du roi, une heure de liberté ?

— Très certainement.

— A merveille ! Voici l'infante qui revient ; faites-moi donc un conte arabe, monsieur de Valer ?

— Soit, messire don Paëz ; je vais vous faire celui des *Deux Chevaliers maures* qui aimaient l'un et l'autre la sultane Namouna.

— Le conte est de circonstance, répondit don Paëz.

# CHAPITRE DEUXIÈME

sur la même ligne. Seulement don Paëz tressaillit profondément, car il lui sembla que la princesse s'appuyait sur lui avec plus d'abandon qu'elle n'en avait montré pour don Fernand.

— Colonel, dit l'infante tandis que le cortége se remettait en marche, il me semble que don Fernand allait vous faire un conte, tantôt ?

— En effet, balbutia don Fernand.

— Eh bien! reprit l'infante, pourquoi don Fernand ne continuerait-il pas?

— Le respect qu'on doit à Votre Altesse...

— Bah! dit la princesse en souriant, en voyage...

— Don Fernand, fit le colonel des gardes d'une voix railleuse, puisque Son Altesse le désire, faites-nous donc ce conte?

— M'y voici, répondit don Fernand. Mon conte est une véridique histoire...

— Comme tous les contes, murmura l'infante.

— Naturellement. C'est l'histoire de la sultane Namouna, fille du roi de Grenade Aroun IV.

— Voyons.

— La sultane Namouna, reprit don

Fernand, était au dire de ses contemporains, un peu plus belle à elle seule que les trois cent soixante-treize houris du paradis de Mahomet ; ses cheveux étaient noirs comme la plume luisante du corbeau ; ses dents avaient la blancheur du marbre de l'Alhambra, et ses yeux étaient jaunes comme les paillettes d'or qui miroitent au soleil du désert.

La sultane Namouna avait seize ans révolus, et cependant elle n'avait point encore d'époux. Cela tenait à ce que le roi Aroun, son père, l'aimait avec adoration et ne voulait point s'en séparer.

Namouna lui demandait souvent :

Quand donc me marierai-je?

Le roi répondait : — Quand tu trouveras un mari qui t'aime plus que moi.

Et comme, jusque-là, la chose paraissait impossible, la belle sultane Namouna ne se mariait point.

Il y avait cependant autour d'elle deux chevaliers maures qui eussent donné la moitié de leur turban, la garde de leur cimeterre et la crinière de leur cheval favori pour épouser la belle Namouna.

L'un était un Abencerrage du nom de Yamoud; l'autre, un Abasside appelé Hassan.

Tous deux, du reste, beaux, valeureux et jeunes.

L'Abasside avait la taille majestueuse comme les cèdres d'Orient ; l'Abencerrage était moins grand, mais ses membres, frêles en apparence, avaient la force flexible de l'acier. — L'Abasside était pauvre, l'Abencerrage était riche.

L'Abencerrage aimait la sultane pour elle, l'Abasside l'aimait pour son or et le trône du roi Aroun, qu'il espérait avoir en épousant sa fille.

Et tous deux pensaient sagement : celui qui était pauvre était ambitieux ; celui qui était riche n'avait soif que d'une chose, le bonheur.

L'Abasside vendit les derniers champs de ses pères et vida sa dernière bourse pour avoir de riches habits, des ceintures de soie, des turbans de cachemire, des diamants de la plus belle eau, en un mot tout ce qui éblouit et fascine les femmes.

L'Abencerrage, au contraire, dédaigna ces parures luxueuses qu'il pouvait avoir à profusion, — si bien que la sultane Namouna, qui savait leur commun amour, se disait : Hassan est pauvre, mais c'est le plus élégant cavalier du royaume de Grenade, — Yamoud est riche, mais il n'y paraît guère. — Lequel choisirai-je?

Et comme elle hésitait, elle songea qu'il serait toujours temps de trancher cette question et que l'essentiel, le plus pressant, était d'obtenir le consentement du roi Aroun.

Elle alla donc le trouver, et lui dit :

— Père, tu sais que j'ai bientôt dix-sept ans?

— Oui, répondit Aroun : eh bien?

— Eh bien! je vieillis.

— Bah! je ne trouve pas.

— Je vieillis, père, et je reste fille, cependant.

— Que t'importe! puisque je t'aime et que tu es sultane?

— Je comprends, reprit la rusée Namouna, que cela t'importe peu à toi, et même à moi, — mais il n'en est pas de même de tout le monde...

Aroun fronça son sourcil noir.

— Qui donc, demanda-t-il, oserait trouver mauvais que la sultane, ma fille ne prenne point un époux?

— Un grand personnage, mon père.

— Je voudrais bien savoir son nom? ricana le roi.

— Il se nomme Mahomet?

— Quel Mahomet?

— Le prophète.

Le vieil Aroun fit un soubresaut, et, stupéfait, laissa échapper de ses lèvres le bout d'ambre de sa narguileh.

— En vérité ? s'écria-t-il.

— Comme je te le dis, petit père, répondit imperturbablement Namouna. Hier, lorsque le muezzin appelait à la prière du soir et que je faisais mes ablutions, une des houris du prophète m'est apparue et m'a dit : Sultane Namouna, ma mignonne, la volonté de Mahomet est que tu te maries au plus vite. — Et pourquoi ? ai-je demandé. — Parce que, a répondu la houri, le roi ton père se fait vieux, et que, s'il mourait demain, le trône de Grenade n'aurait pas de roi, ce qui serait un grand malheur pour le peuple maure...

Aroun fut frappé de cette réflexion, il interrompit aussitôt sa fille et lui dit :

— Cherche de suite un époux, je veux te marier.

— J'en ai un, répondit Namouna.

— Ah! vraiment? fit Aroun en souriant.

— J'en ai même deux, continua Namouna.

— Hum! fit le roi, il y en a un de trop, ce me semble ; le prophète n'a point permis que les femmes eussent un harem.

— Aussi choisirai-je...

— Eh bien! choisis...

— C'est que, dit Namouna, je suis bien embarrassée...

Et elle conta à son père le sujet de son embarras.

— Lequel aimes-tu? demanda Aroun.

— Je ne sais pas; tous deux peut-être...

— Alors il faut choisir celui qui t'aime réellement.

— Comment le savoir?

Aroun caressa sa barbe blanche, demanda à Allah une parcelle de ses lumières, et finit par mander devant lui les deux chevaliers maures.

Quand ils furent en sa présence, il leur dit :

— Vous aimez ma fille tous deux, n'est-ce pas?

— Oui, répondirent-ils.

— Eh bien! poursuivit Aroun, comme je veux que ma postérité seule me succède, voici à quelle condition vous l'épouserez : Quand ma fille aura un fils, je ferai trancher la tête à son époux...

Don Fernand en était là de son conte, quand la litière s'arrêta aux guichets de l'Escurial.

— Eh bien! demanda vivement l'infante, que répondirent les deux chevaliers maures?

— Madame, répondit don Fernand, nous voici arrivés; permettez que je renvoie à demain la fin de mon histoire.

— Vous me promettez de la continuer, n'est-ce pas?

— Sur ma parole, madame; du reste, ajouta mélancoliquement le gentilhomme, si le hasard voulait que je fusse absent du palais demain, mon ami don Paëz à qui je compte finir mon récit cette nuit, vous le répéterait fidèlement.

L'infante s'inclina en signe d'adhésion, et la litière entra sous les voûtes de ce sombre palais que s'était fait bâtir Philippe II.

dèrent d'une manière significative et se prirent mutuellement le bras.

— On étouffe ici, dit don Fernand.

— C'est assez mon avis, répondit don Paëz.

— En ce cas, montons sur les plateformes, si bon vous semble; nous y respirerons et causerons à l'aise.

Les deux gentilshommes gagnèrent les remparts, renvoyèrent deux sentinelles dont le voisinage les gênait, et s'allèrent asseoir sur le parapet.

— Il faut bien, dit alors don Fernand, que je vous achève l'histoire de la sultane Namouna.

— Je vous écoute, répondit don Paëz.

Don Fernand s'accouda nonchalamment sur le parapet et reprit son récit :

Les deux chevaliers se regardèrent, hésitèrent un moment, puis l'Abencerrage répondit : Un an s'écoulera avant que tu aies un héritier, roi Aroun ; la sultane m'aimera donc un an... J'accepte et je te promets ma tête, sans regrets.

— Et toi ? demanda Aroun à l'Abasside.

— Moi, répondit l'Abasside, j'aimerais vivre vieux.

— Tu n'épouseras point ma fille, répondit Aroun.

Puis, quand l'Abasside fut parti, il dit à l'Abencerrage : Tu aimes réellement ma fille, tu l'épouseras et tu vivras. Je n'ai nul besoin de ta tête, et je te fais mon héritier et mon successeur.

Don Fernand s'arrêta ; don Paëz sourit et dit :

— Ne pensez-vous pas, mon gentilhomme, que votre conte ressemble singulièrement à notre histoire?

— Oui, car je l'ai inventé. Seulement il y a une légère différence.

— Laquelle?

— C'est que c'est vous le chevalier

pauvre, qui probablement aimez la sultane, tandis que moi...

— Ah ! bah ! fit don Paëz, je croyais que vous l'aimiez...

— J'essaye, murmura philosophiquement don Fernand. Mais vous sentez qu'à la guerre les ruses sont de bon aloi. L'infante aura saisi l'allusion, j'ai voulu qu'elle crût à mon amour.

— Et, demanda don Paëz, vous ne l'aimez donc pas ?

— Ma foi, non !

— Et vous, voudriez l'épouser ?

— Pourquoi pas ?

— Mais vous êtes riche...

Don Fernand hésita.

— Bah! dit-il enfin, puisque l'un de nous sera mort dans une heure, je puis bien vous confier ce secret.

— Parlez, mon gentilhomme.

— Vous savez que je suis Maure d'origine et le dernier descendant direct de la race royale des rois des Abencerrages. Si les Maures se refaisaient un roi, c'est moi qu'ils choisiraient.

— Je le sais; et vous voulez le devenir, sans doute, en épousant une infante d'Espagne?

— Non, répondit don Fernand avec mélancolie, je ne suis pas ambitieux ; mais si

j'ai abjuré la foi de mes pères, si je me
suis converti à la lumière du christia-
nisme, je n'ai renoncé ni à l'orgueil de
ma race, ni à la paix, ni au bonheur du
peuple sur lequel a régné ma maison.

Les Maures sont aujourd'hui la population industrieuse, intelligente de l'Espagne, ils tiennent dans leurs mains l'a-
griculture, les arts et les sciences. Ce ne
sont plus des conquérants fanatiques vou-
lant asservir les peuples à leurs lois et à
leur religion. — Leur religion? beaucoup
sont prêts à abjurer comme moi, et tous
ne demandent qu'une chose : exercer li-

brement leurs professions diverses, à l'ombre du sceptre des rois d'Espagne, dont ils seront volontiers les plus fidèles sujets.

Eh bien! cependant, ma malheureuse nation est persécutée sans cesse : l'inquisition la poursuit, la noblesse l'écrase de corvées et d'impôts, le roi, toujours trompé, en alimente ses auto-da-fé.

Or, j'aime mon peuple avant tout, et je ne veux devenir puissant et fort que pour le protéger. C'est pour cela, mon gentilhomme, que je voudrais me faire aimer de l'infante dona Juanita, l'épouser, et cimenter ainsi l'union des deux races par cette alliance.

— Le roi vous refusera sa fille, mon gentilhomme.

— Pourquoi? demanda fièrement don Fernand, ne suis-je pas fils de roi?

Et avant que don Paëz eût répondu, il poursuivit :

— Vous, au contraire, vous aimez l'infante pour elle...

— C'est ce qui vous trompe, interrompit brusquement don Paëz, je ne l'aime pas plus que vous.

Don Fernand recula.

— Est-ce que, fit-il, vous, simple colo

nel des gardes, vous voudriez l'épouser?

— Je voudrais l'épouser, mon gentilhomme.

Don Fernand recula.

— Vous êtes fou, dit-il ; pour être gendre du roi d'Espagne, il faut être fils de maison souveraine.

Un sourire d'orgueil arqua les lèvres de don Paëz.

— Qui vous dit que je ne le suis pas? fit-il.

Et comme son adversaire le regardait avec un étonnement profond, il ajouta :

— Mais nous n'avons pas le temps

de nous faire des confidences. Nous sommes ambitieux tous deux, tous deux nous avons un but commun, un seul doit l'atteindre; il faut donc que l'un de nous cesse de vivre.

— Sur-le-champ, dit froidement don Fernand en tirant son épée.

Les deux gentilshommes s'attaquèrent avec une froide intrépidité, mesurant habilement leurs coups, maîtres d'eux-mêmes, l'œil terrible et le sourire aux lèvres. Des myriades d'étincelles jaillirent de leurs épées, le fer froissa le fer en grinçant; vingt fois il faillit effleurer leur poitrine, vingt fois il fut détourné;

Après vingt minutes de combat, aucune goutte de sang ne teignait encore leur pourpoint.

Ils s'arrêtèrent essoufflés et respirèrent quelques secondes.

Puis ils se remirent en garde et le combat recommença.

Il recommença sans autre issue que celle de lasser le bras et le poignet des deux champions. Quant à leur poitrine, elle paraissait invulnérable.

Tout à coup don Fernand fit un saut en arrière et jeta son épée.

— Mon gentilhomme, dit-il à don Paëz,

puisque nous nous heurtons vainement sans nous pouvoir entamer, voulez-vous essayer d'un autre jeu?

— Je le veux bien, mon maître. Quel est-il ?

— J'ai chez moi, dans le logis que le roi me donne en son palais, une fiole d'un poison qui foudroie plutôt qu'il ne tue.

— Après? dit froidement don Paëz.

— J'ai pareillement, poursuivit don Fernand, un cornet et des dés.

— Très bien ! Je comprends.

— Une seule partie, et la fiole pour le vaincu.

— J'accepte, fit don Paëz impassible.

— Alors, suivez-moi.

Ils remirent l'épée au fourreau, rappelèrent les sentinelles et se prirent la main comme deux amis qui viennent de vider une querelle d'amour et font la paix.

Ils gagnèrent ainsi la chambre de don Fernand.

Là, celui-ci alluma un flambeau, ouvrit une armoire, y prit les dés et la fiole, posa le tout sur une table et avança un siége à don Paëz.

Don Paëz s'assit à une table, jeta les dés dans le cornet et dit à son adversaire :

— Voulez-vous que je commence?

— Je le veux bien, répondit celui-ci.

Don Paëz agita le cornet et lança les dés sur la table :

— Neuf! dit-il; j'ai des chances...

Don Fernand s'empara du cornet, sans pâlir, et le renversa à son tour :

— Onze! dit-il.

— Vous êtes heureux, fit don Paëz avec un froid sourire.

Il déboucha la fiole, en versa lentement le contenu, et ajouta :

— Il est vraiment bien fâcheux que ce verre de poison se trouve sur ma route, je crois que je serais allé bien loin : j'avais de l'ambition comme feu l'empereur Charles-Quint.

Et saluant don Fernand avec courtoisie :

— Je bois, dit-il, à l'infante dona Juanita.

Il leva son verre sans précipitation ni lenteur à la hauteur de ses lèvres, et s'apprêta à le vider d'un trait...

Mais don Fernand le lui arracha vivement, le jeta loin de lui, et dit :

— Je ne veux pas !

Don Paëz haussa les épaules.

— Vous êtes un noble cœur, dit-il avec calme, mais vous oubliez que l'infante ne peut nous épouser tous deux. Si vous m'offrez la vie, je ne vous céderai pas la femme.

— Eh bien ! dit don Fernand, l'infante choisira.

— Par exemple !

— C'est tout simple, reprit l'Abencerrage, celui de nous deux qui aura quelque chance de l'épouser, c'est celui qu'elle aimera.

— Vous croyez donc qu'elle aimera l'un de nous ?

— Je crois qu'elle l'aime déjà.

Don Paëz pâlit.

— Serait-ce vous ? dit-il.

— Je ne sais pas, répondit don Fernand ; mais ce que je sais, c'est que nous sommes les deux cavaliers les plus élégants de la cour, et qu'à moins qu'elle n'ait le goût gâté...

— Pas de fausse modestie, dit simplement don Paëz.

— Eh bien ! reprit don Fernand, il y a un moyen infaillible de savoir quel est celui de nous deux qu'elle aime.

— Lequel ?

— Demain, au départ pour la chasse, un gentilhomme lui tiendra l'étrier : c'est un grand honneur, et celui à qui il est refusé quand il l'a demandé, se regarde comme disgracié. Nous nous présenterons tous les deux en même temps, tous deux nous étendrons la main vers l'étrier, si bien qu'au lieu de le saisir, nous serons obligés de nous mesurer de l'œil d'un air de défi, et puis, d'en appeler, d'un regard, à l'infante, qui décidera.

L'infante éprouvera un violent dépit, elle souffrira d'avoir à offenser un gentilhomme, mais, à coup sûr, elle n'offensera point celui qu'elle aime : celui-là sera le vainqueur.

— Soit, dit don Paëz, j'accepte l'épreuve.

Don Fernand parut réfléchir.

— Êtes-vous mon ennemi? demanda-t-il enfin.

— Je l'étais; je ne puis plus l'être depuis que je vous dois la vie.

Don Fernand sourit.

— Prenez garde, dit-il, la fiole n'est point vide encore.

— C'est juste, fit don Paëz.

Et il la prit dans sa main.

— Fou! dit don Fernand en la lui arrachant.

— Mon gentilhomme, répondit don Paëz, votre générosité m'est lourde.

— En quoi, s'il vous plaît?

— En ce qu'elle me rappelle que je suis le vaincu.

— Vous êtes la victime du hasard, pas davantage.

— Et je ne vois qu'une manière d'en adoucir l'humiliation.

— Laquelle?

C'est de vous demander votre amitié.

— J'allais vous l'offrir.

Don Paëz lui tendit la main.

— Maintenant, que le sort décide en ma faveur ou me soit contraire, dit-il, peu m'importe! Je serai votre ami à toujours. Mon épée, ma bourse et ma vie vous appartiennent. Disposez-en.

— Ne vous aventurez pas, don Paëz!

— M'aventurer! non, de par Dieu!

— Si l'infante m'aime, vous ne pourrez oublier que je suis la pierre d'achoppement où votre ambition s'est brisée.

Don Paëz haussa les épaules :

— L'ambiton est un arc à plusieurs cordes, répondit-il; si je n'épouse pas l'infante, je trouverai un autre marchepied.

— Vous êtes cependant attaché au roi?

— Oui, comme à un bienfaiteur.

— Vous ne le trahiriez point?

— Non, à moins que...

— A moins?... fit don Fernand.

— A moins, reprit don Paëz froidement, que le roi ne me heurtât injustement de front et ne me voulût briser sans motifs.

— Ah! fit don Fernand rêveur.

— Et encore, ajouta don Paëz, une trahison est une lâcheté infâme, et je suis trop fier pour m'abaisser jusque-là. Le roi m'a recueilli généreusement, je l'ai servi avec bravoure et loyauté, nous sommes quittes. Si le roi me voulait briser, je dirais au roi : Je ne suis point votre sujet, je ne suis pas né en Espagne, je ne vous appartiens qu'en vertu d'un pacte particulier, vous déchirez le pacte, je suis libre; vous voulez me punir, moi, je vous déclare la guerre; vous êtes un des monarques les plus puissants du monde; moi, je suis un simple gentilhomme de race souveraine, aussi noble que la vôtre, et noblesse vaut royauté, les nobles sont les pairs du roi.

Don Fernand écoutait gravement don Paëz. Quand il eut fini, il répondit :

— Supposons que l'infante vous aime au lieu de m'aimer...

— La supposition me plaît, dit don Paëz.

— Et que, vous aimant, elle m'insulte, comme cela arrivera inévitablement pour l'un de nous... Je serai forcé de me retirer, n'est-ce pas ?

— Sans doute.

— De fuir la cour ?

— Comme je la fuirai si je suis outragé.

— Très bien. Il est probable qu'alors je gagnerai les montagnes, où mes compatriotes se trouvent en grand nombre, les Alpunares, par exemple...

— Soit. Eh bien ?

— Eh bien! il peut arriver qu'un jour 'l l'autre les persécutions redoublent contre ma race, et que, lassée enfin, elle se soulève... qu'elle cherche un chef, que ce chef soit le descendant de ses rois.....

— Vous, n'est-ce pas?

— Précisément. Alors, comme l'affront de l'infante m'aura contraint d'envoyer au roi la démission de mes charges et dignités, comme je serai franc avec lui de tout lien, de tout vasselage, de toute obéissance; que l'insurrection me faisant roi à mon tour, me rendra son égal — je me trouverai le rival, l'ennemi de celui qui sera demeuré votre maître.

— C'est juste.

— Et si votre maître vous donne le

commandement d'un corps d'armée destiné à me réduire, que ferez-vous?

— Eh bien! on peut être amis et se combattre.

— D'accord; mais si ma tête est mise à prix, si je tombe entre vos mains?

— Diable! murmura don Paëz.

— Si, malgré cette amitié que nous venons de nous jurer, votre devoir vous oblige à me faire trancher la tête?

— Je le ferai... si, auparavant, je n'ai pu réussir à vous faire évader.

— A merveille! s'écria don Fernand, nous pouvons être amis désormais.

— Et à toujours, ajouta don Paëz. Mais

venez, la partie d'échecs du roi doit tirer à sa fin, et il ne faut pas qu'on remarque notre absence; messire le duc d'Albe et ce cuistre de chancelier Déza profiteraient de la mienne pour la commenter.

— Venez, dit don Fernand en lui prenant le bras.

CHAPITRE QUATRIÈME

Son œil seul avait conservé le feu de la jeunesse et semblait être devenu le foyer de cette intelligence aussi grande peut-être, quoique moins brillante, que celle de Charles-Quint.

Le roi, au moment où les deux gentilshommes entrèrent chez lui, jouait encore avec le duc d'Albe, son féroce et hardi lieutenant.

Le duc était conseillé par don Francesco Münoz, chanoine de Madrid et aumônier de Sa Majesté.

Le chancelier Déza, debout derrière le roi, se permettait quelquefois une observation bien respectueuse, que le roi écoutait d'un air distrait.

Sa Majesté, en effet, était fort peu à la partie et s'occupait d'une conversation étouffée qui avait lieu derrière lui, au lieu de parer un échec et mat que le duc d'Albe, un des plus habiles joueurs de son temps, lui préparait en sourdine. Cette conversation avait lieu entre le marquis de Mondéjar, vice-roi de Grenade, et le grand inquisiteur don Antonio.

— Marquis, disait le grand inquisiteur, le roi faiblit sans cesse à l'endroit de cette race maudite.

— Le roi est sage.

— Sage!... Pouvez-vous dire que le roi est sage en cette occasion ?

— Sans doute.

— Sage! quand il laisse cette race de mécréants et de païens vivre en paix auprès de nous?

— Pourquoi pas?

— Comment! pourquoi pas? Des hommes qui professent secrètement le culte de Mahomet, des hommes qui, il y a trois siècles à peine, étaient encore les maitres de l'Espagne.

— Ils en sont devenus les sujets.

— En apparence, marquis.

— En réalité, monseigneur. Paisibles et résignés aujourd'hui, ils ne demandent plus qu'une chose : vivre en paix selon leurs coutumes et leurs mœurs, payer les impôts et travailler.

— Payer les impôts et travailler, d'accord ; mais vivre selon leurs mœurs impies et leurs abominables coutumes...

— Monseigneur, murmura froidement le marquis, la politique ne doit point marcher de front avec la religion, elles souffrent toutes deux de ce voisinage. Les Maures sont des mécréants, dites-vous ?... convertissez-les par la douceur, la persuasion, non par l'effroi des supplices.

— Il faut des exemples terribles.

— Il faut de l'indulgence, monseigneur. Quant à la question politique, la voici, je crois : Si les Maures quittent l'Espagne, l'Espagne reculera de cent ans.

Le grand inquisiteur fit un soubresaut.

— Que me dites-vous là? fit-il.

— Oh! presque rien; la vérité. Les Maures sont - et c'est un dur aveu à faire pour un Espagnol — les Maures sont, ici, la population intelligente et instruite, laborieuse et infatigable. Les arts, les lettres, les sciences, l'industrie, l'agriculture, le commerce, ils tiennent tout en Espagne, et ils emporteront le secret de tout avec eux. Ce sont eux, monseigneur, qui impriment les livres saints de nos moines et de nos prêtres, eux qui cultivent nos terres et les rendent fécondes, eux encore qui produisent ces statues de marbre de nos jardins, ces tableaux qui ornent nos églises, ces armes ciselées dont nous nous servons, ces tissus moelleux qui deviennent nos vêtements de luxe. Chassez-les! et puis demandez au Castillan, au Léonais, à l'Arragonais de vous remplacer ces chefs-d'œuvre...

— Monsieur, dit brusquement l'inquisiteur, nos pères n'avaient ni statues, ni tableaux, ni armes ciselées, ni tissus précieux. Croyez-vous que sous leurs habits grossiers et avec leurs épées d'acier brut, ils fussent moins fervents et moins vaillants?

Le marquis haussa imperceptiblement les épaules et ne répondit pas.

C'est à ce moment de la conversation que don Fernand et don Paëz, se tenant par la main, entrèrent sans bruit, pour ne point troubler la partie du roi.

Don Fernand se mêla à un groupe de courtisans qui causaient dans le fond de la salle ; don Paëz s'approcha de la table du roi et se plaça derrière le marquis de Mondéjar.

Le grand inquisiteur l'aperçut et lui fit signe d'approcher.

— Tenez, don Paëz, dit-il, le marquis et moi sommes en querelle. Savez-vous pourquoi ?

— Il ne tiendra qu'à vous, monseigneur, que je le sache bientôt.

— Eh bien ! je soutiens que les Maures sont la plaie et la perdition de l'Espagne.

— Et moi, ajouta le marquis, je réponds à Sa Grandeur que les Maures sont la fortune, les arts, le commerce, l'industrie, l'opulence de l'Espagne.

— Moi, fit don Paëz avec un sourire, sans vouloir approfondir la question religieuse, au point de vue de laquelle parle monseigneur le grand inquisiteur, je me permettrai d'être de l'avis de M. le marquis de Mondéjar.

Ces paroles étaient à peine tombées de la bouche de don Paëz que le roi, jusque-là entièrement absorbé en apparence par son jeu, et qui, cependant, ne perdait pas un mot de l'entretien, se tourna et dit froidement :

— Messire don Paëz ?

Don Paëz s'avança respectueusement vers le roi.

— Messire don Paëz, reprit Philippe II, êtes-vous Espagnol ?

— Non, sire.

— Du moins vous n'en êtes pas très certain ?

— Très certain, au contraire, sire.

— Eh bien ! en ce cas, je vous trouve bien osé de vous mêler des questions politiques de mon royaume.

Don Paëz devint pâle de colère et voulut balbutier quelques mots ; mais le roi ne lui en laissa pas le temps, et se tournant de nouveau vers son partenaire :

— Mon cher duc, dit-il, la partie est

perdue pour vous... Tenez... échec et mat !

Don Paëz prit son feutre, se retira à pas lents jusqu'à la porte, salua sur le seuil et sortit, la rage et le dépit au cœur.

Don Paëz dormit mal ou plutôt ne dormit pas du tout. Les heures s'écoulèrent pour lui avec une lenteur désespérante ; il les entendit sonner toutes aux horloges d'airain de l'Escurial, depuis le moment où il se mit au lit jusqu'au premier rayon du jour. Son imagination créa et construisit, détruisit et renversa vingt fois le drame muet du départ pour la chasse, drame terrible qui devait presque

décider de son avenir. Il se rappela à
grand'peine, en interrogeant ses souvenirs, tout ce qui s'était passé entre lui et
l'infante depuis son retour, chaque heure
où il l'avait rencontrée, la moindre circonstance, le plus mince détail ; il compta
un à un les rares sourires qu'elle avait
laissé tomber sur lui, et puis ceux que
son rival, maintenant son ami, avait recueillis pour son compte ; il analysa les
gestes, les demi-mots, les jeux de physionomie de cette enfant, bien éloignée
à cette heure, sans doute, de songer
que ses actions étaient ainsi passées au
creuset.

Certes, si don Paëz eût été un de ces hommes qui, trop faibles pour oser regarder en face l'adversité, préfèrent s'endormir avec de décevantes illusions, il eût trouvé dans ses souvenirs ample matière à se rassurer; il se fût écrié peut-être :

— C'est moi qui tiendrai l'étrier, moi qui serai vainqueur.

Mais don Paëz avait le froid génie de l'ambition, don Paëz ne se forgeait jamais de chimères, et en ce moment suprême, lui l'audacieux et le brave, il eut peur et trembla.

Du moment où il eut tremblé, le fier

jeune homme se posa cette question :

— Qu'adviendra-t-il, si je suis vaincu ?

Il vit clairement alors, et dans tous ses détails, la position que lui ferait cette lutte dernière, dans le cas où l'issue lui en serait fatale. D'abord il aurait à choisir : — ou tuer don Fernand en duel, ou quitter la cour en fugitif. — Tuer don Fernand... c'était impossible, puisque don Fernand était devenu son ami.

Fuir ! c'est-à-dire laisser à la cour d'Espagne la réputation d'un lâche, et renoncer du même coup à ses projets d'ambition ; autre alternative également impossible !

Don Paëz réfléchit longtemps, puis il s'écria :

— Oui, je fuirai la cour ; oui, l'on me croira lâche ; mais je deviendrai rebelle et fort, le roi d'Espagne sera forcé de compter avec moi, et alors...

Comme il achevait ces mots, le jour parut et pénétra à travers le trèfle des persiennes.

Il sauta hors du lit, rejeta en arrière ses grands cheveux, leva la tête, arma ses lèvres d'un dédaigneux sourire et ajouta :

— Le roi a été bien impertinent avec

moi, hier au soir.. et je ne suis pas son sujet, cependant.

Cette phrase était tout un plan de révolte, et maintenant qu'il avait pris son parti, l'infante pouvait lui demander ou lui refuser l'étrier, peu lui importait. Si la fortune se cabrait sous lui, il saurait étreindre et dompter la fortune!

A sept heures, le château s'éveilla, et bientôt les cours intérieures s'emplirent d'une foule bariolée de seigneurs aux manteaux sombres avec un galon d'or, de pages au justaucorps rouge, de varlets et de fauconniers, aux casaques jaunes et vertes, de piqueurs, tenant en laisse et sous le fouet, de grands lévriers orangés, et des chiens couchants au poil fauve, de gardes du roi au panache blanc et de gendarmes à la plume bleue.

Puis, le son du cor se fit entendre...

Et alors, les persiennes s'entr'ouvrirent, les manolas et les infantes montrèrent, au travers, leurs minois éveillés et coquets, leurs petites mains blanches comme l'ivoire, leurs lèvres plus rouges que le carmin; — les duègnes glissèrent un regard curieux et railleur aux beaux pages qui se *gaussaient* d'elles; les maris regardèrent aussi les pages, et, loin de se moquer froncèrent les sourcils.

Les pages retroussèrent avec fatuité leurs moustaches naissantes, et rirent pour les maris, comme ils avaient fait pour les duègnes.

Puis, peu à peu, les portes s'ouvrirent, les corridors se dégagèrent, les gentilshommes de la chambre et les gardes du roi s'échelonnèrent sur le passage de Sa Majesté.

Le roi s'habillait, le roi se faisait attendre...

C'était son droit.

Mais la jeune infante, plus leste, avait,

dès le point du jour, éveillé la camérera-mayor, qui rêvait de sa jeunesse évanouie, et ses jeunes femmes de chambre, qui songeaient aux moustaches en croc d'un beau garde ou d'un fringant gendarme. Elle avait gourmandé tout le monde, et demandé qu'on l'habillât au plus vite.

Sa toilette avait été terminée en moins d'une heure.

— Venez, duchesse, venez vite, avait-elle dit, je veux arriver avant le roi, et je veux surtout le plus beau gentilhomme de la cour pour m'offrir son genou et me tenir l'étrier.

— Voici, avait grommelé la caméréra-mayor, qui est à l'adresse de don Paëz.

Tandis que, la veille, don Paëz regagnait son logis de l'Escurial, les dents serrées par la colère, l'esprit agité des plus lugubres pressentiments, don Fernand lui aussi, s'éclipsait de la chambre royale et rentrait chez lui.

Non qu'il eût hâte de se trouver seul, mais il eût préferé peut-être une ou deux heures encore de causerie insignifiante aux angoisses de l'isolement qui devaient s'emparer de lui aussitôt que rien ne le pourrrait plus distraire de la pensée dominante de l'épreuve terrible du lendemain. Pourtant don Fernand était un loyal adversaire ; témoin de la disgrâce momentanée de don Paëz, il le voyait sortir pâle et hautain comme sont tous les grands cœurs blessés dans leur orgueil; sortir sous les yeux de l'infante qui avait tout vu, tout entendu ; — et il eût regardé comme une lâcheté de demeurer auprès d'elle et de faire un pas, un geste, de prononcer un mot qui pût être fatal à l'homme qui venait de lui offrir son amitié, et dont cependant il était encore le rival.

Don Fernand rentra chez lui, et non moins homme de sangfroid que don

Paëz, il procéda méthodiquement et avec le plus grand calme à sa toilette de nuit.

Tandis qu'il se déshabillait, on frappa doucement à une petite porte de service donnant sur un escalier dérobé, qui reliait secrètement les appartements des officiers du roi.

— Qui est là? demanda-t-il.

— Dieu est grand, répondit une voix.

Don Fernand parut étonné, mais il ouvrit sans renouveler sa question.

Un homme parut, jeta un regard furtif autour de lui pour s'assurer que don Fernand était bien seul, souffla sa lanterne sourde qu'il tenait à la main, et entra avec précaution.

Ce n'était cependant ni un alguazil cauteleux furetant à droite et à gauche pour découvrir un voleur, ni un alcade superbe, ni un inquisiteur terrible, ni un grand seigneur que l'ambition privait de sommeil, ni un mari jaloux, ni un courtisan en bonne fortune ou un page la cherchant; ce n'était ma foi! qu'un pauvre diable de fauconnier portant chausses olive et casaque mi-partie vert et jaune, n'ayant d'autre arme qu'un gant de peau rembourré et tenant à la main son bonnet, comme un humble vassal, un maigre hère qu'il était.

Il est vrai que sous son modeste costume, on devinait un homme énergique, intelligent, brave et insoucieux. Sa barbe noire, son œil brillant, ses cheveux crépus et lustrés, ses épaules herculéennes, la finesse d'attache de ses poignets, et la noble simplicité de ses gestes, annonçaient un personnage d'une condition supérieure à celle qu'il paraissait occuper.

Il salua don Fernand avec respect, mais sans humilité, et lui dit :

— Seigneur, pouvez-vous m'écouter une heure ?

— Qui êtes-vous et que me voulez-vous ? demanda le gentilhomme en l'examinant avec une attention mêlée de curiosité.

— Ce que j'ai à vous dire est long ; quant à mon nom, il vous est inconnu, je me nomme Pedro, je suis attaché à la vénerie du roi.

— Voyons ce qui vous amène...

Don Fernand s'assit dans un fauteuil à large dossier, croisa les jambes et regarda son visiteur.

— Je me nomme Pedro reprit celui-ci,

parce que l'inquisition m'a baptisé et m'a donné ce nom; je suis fauconnier du roi, parce qu'il faut avoir un état dans ce monde, sous peine d'être réputé riche ou sorcier, ce qui l'un ou l'autre indistinctement, conduit au bûcher. Mais avant d'être fauconnier, j'étais Maure, et je sculptais des coupes, des aiguières et des statues en plein or massif, — comme avant de me nommer Pedro, je me nommais Aben-Farax.

Don Fernand fit un geste d'étonnement.

— Et que venez-vous me demander? fit-il.

— Pour moi, rien ; pour mes frères beaucoup.

— Voyons, qu'exigez-vous ?

— Je vous ai dit, que je me nommais Aben-Farax, comme vous, avant de prendre le nom de don Fernand et le titre de marquis de Valer, vous vous appeliez Aben-Humeya et vous vous faisiez gloire de descendre de nos derniers rois.

— C'est vrai, et je suis toujours fier de ma race.

— Merci pour cette parole, monseigneur ; elle double la confiance que j'ai mise en vous, et je vais remplir ma mission. Les Maures sont malheureux en

Espagne; sur cette terre autrefois leur conquête et leur bien, ils sont maintenant esclaves. On leur interdit la carrière des armes et l'épée; ils se sont résignés et sont devenus artisans et laboureurs; puis on leur a défendu l'exercice de leur culte, et ils ont encore courbé le front; mais aujourd'hui, don Fernand, il court d'étranges bruit à la cour d'Espagne...

— Ah! fit don Fernand attentif, et quels sont ces bruits?

— On dit qu'on défendra aux Maures de porter leurs vêtements, qu'on les baptisera tous de force, qu'eux seuls désormais paieront l'impôt, et qu'on leur interdira de résider — dans la ville de Grenade — aux environs de l'Alhambra.

— Après? dit don Fernand.

— Seigneur, reprit Pedro, les Maures sont à bout de patience, ils sont las de souffrir, de pleurer, de fléchir le genou et de subir le joug d'un peuple insolent et ingrat. On nous a défendu de porter des armes, mais nous en avons dans les caves de nos demeures; on a essayé de nous ruiner, mais nous possédons plus d'or, de rubis et d'émeraudes que dix rois d'Espagne réunissant leurs richesses.

— Je le sais. Que comptez-vous faire?

— Prendre les armes, don Fernand.

Le gentilhomme tressaillit :

— Folie ! dit-il.

— Et puis continua Aben-Farax, chercher parmi nous un homme qui descende en ligne directe de nos anciens rois, et lui dire : Il nous faut un chef, veux-tu l'être ?

— Ah! et ce chef... l'avez-vous trouvé ? — Quel est-il ?

— L'un de nous deux, dit froidement le fauconnier.

Don Fernand se leva brusquement :

— Moi peut-être... dit-il ; — du moins

ce serait mon droit... mais toi, quels sont les titres?

— Je suis le dernier descendant de la race royale des Abassides, comme toi le dernier des Abencerrages, répondit Pedro.

— Tu es presque mon égal, dit don Fernand en saluant.

— Je serai ton sujet ou ton ennemi, don Fernand, ton roi ou ton lieutenant.

— Que veux-tu dire?

— Je veux dire que dans huit jours, si les bruits sinistres qui circulent à Madrid sur notre race se confirment, les Maures se lèveront en armes, secoueront le joug odieux qui les accable, et évoquant l'ombre de Boabdil, leur dernier et malheureux souverain, se referont enfin un roi.

— Et ce roi? demanda don Fernand.

— Ce sera toi si tu acceptes, moi si tu refuses.

— Je ne refuse ni n'accepte, dit froidement don Fernand.

— Que signifient ces paroles?

Don Fernand examina le sablier qui coulait sans s'arrêter dans un coin de la chambre, et, étendant la main :

— Il est une heure du matin, dit-il. A huit heures, je te répondrai.

— Pourquoi ce délai ?

— C'est mon secret.

— Est-il donc besoin de réfléchir pour accepter une couronne ?

— Oui, quand cette couronne doit être achetée au prix d'un torrent de sang.

— Ce sera le sang des martyrs.

— Sans doute ; mais peut-être, hélas ! ne suffira-t-il point pour l'affermir sur ma tête ; peut-être sera-t-il impuissant à faire le bonheur du peuple qui m'aura choisi pour son chef.

— Don Fernand, murmura Aben-Farax, tu parles bien : mais on voit à tes discours que tu vis, toi, de la vie espagnole, et que tu ne souffres point comme nos frères.

— Je souffre plus qu'aucun d'eux, Aben-Farax, murmura don Fernand; — il n'est pas nécessaire de régner pour être roi, d'être aimé et respecté d'une nation pour aimer tendrement le peuple. Je suis roi moralement, frère; je me souviens que mes pères ont tenu un sceptre, et je verse une larme à chaque larme que laisse échapper le peuple de mes pères.

— Eh bien! alors, don Fernand, pourquoi hésiter? Nos dominateurs se font bourreaux, prenons les armes !

— J'ai peut-être un moyen de délivrer les Maures, frère, un moyen pacifique, une alliance qui leur rendrait leur antique splendeur sans les séparer de l'Espagne.

— Ce moyen, quel est-il ?

— Je ne puis te le dire encore, car peut-être ne réussira-t-il point. Demain seulement, Aben-Farax, je saurai si je dois être roi.

— Soit ; — à demain.

— Et si je refuse demain la couronne ?

— Eh bien ! tu me diras ton secret.

S'il est efficace, les Maures s'inclineront et auront foi en ta sagesse, sinon...

— Sinon ? fit don Fernand inquiet.

— Sinon, je serai roi. — Adieu...

Et Aben-Farax, saluant don Fernand, disparut avec la rapidité d'un fantôme.

Don Fernand se mit au lit; comme don Paëz il ne dormit pas, comme lui il examina froidement la situation, et, le matin venu, quand le tumulte des cours intérieures lui apprit que l'heure de l'épreuve fatale allait sonner, il dit :

— Allons voir si je serai gendre du roi, ou roi moi-même.

V

L'infante avait le plus charmant costume de chasse qui eût jamais été porté
à la cour de France, cette reine des cours.
On eût dit que madame Marguerite
de Valois, reine de Navarre, et la plus

habile des princesses en matière de modes et de travestissements de femme, avait présidé à son ajustement après avoir conseillé les fournisseurs.

L'infante avait une plume blanche à son chapeau, de grosses émeraudes boutonnaient son amazone bleu clair, un gant de peau jaune d'or enfermait sa main délicate, et elle portait sur l'épaule une trompe de chasse avec la grâce charmante d'un page mutin et babillard.

— Duchesse, disait-elle à la camérera-mayor, tandis qu'elle passait au travers des escaliers et des corridors jonchés de courtisans ; duchesse, je veux aujourd'hui voir la mort de l'ours de si près, qu'on puisse dire que pour le courage et la hardiesse, les infantes d'Espagne valent les gentilshommes d'ailleurs.

Au moment où la jeune princesse achevait, elle se trouva sur le seuil de la cour d'honneur, où piaffaient aux mains des varlets le cheval du roi et le cheval de l'infante.

— Quel bonheur! dit l'infante en battant les mains, j'arrive la première..... avant le roi.

Et sans attendre qu'un seigneur lui offrît la main, elle courut à son cheval, magnifique étalon d'Afrique, qu'un Arabe eût payé un empire, s'il l'eût eu.

Au même instant, simultanément, deux gentilshommes à cheval déjà mirent pied à terre et s'avancèrent, des deux extrémités de la cour, vers la monture de la princesse.

Ils se placèrent l'un devant l'autre, auprès de l'étrier, fiers et hautains tous deux, semblant attendre que le choix de l'infante fît de l'un une victime, de l'autre un triomphateur.

L'infante rougit et pâlit à cette vue ; elle comprit ce qui allait se passer, sans doute, et elle eût donné tout au monde pour éviter une situation pareille...

Mais il était trop tard ; ni don Paëz ni don Fernand ne bougeaient, et il fallait choisir...

Elle rougit et pâlit encore ; elle sembla hésiter et consulter une voix mystérieuse, une fibre secrète qui résonnèrent doucement au fond de son cœur, — et puis, elle dit enfin bien bas et d'une voix qui tremblait :

— Don Paëz... voulez-vous me tenir l'étrier ?

———

La cour d'honneur était remplie d'une

foule nombreuse, élégante. La fleur des Espagnes et du royaume de Grenade s'y était pour ainsi dire donné rendez-vous; — et il y eut un frémissement de crainte, d'étonnement, presque de stupéfaction quand on vit les deux rivaux en face l'un de l'autre, se mesurant du regard et attendant leur arrêt avec le calme des grands courages.

Cet arrêt, l'infante venait de le prononcer en disant à don Paëz, les yeux baissés, et troublée comme une simple manola de Tolède ou de Madrid :

— Don Paëz, voulez-vous me tenir l'étrier?

Don Paëz était beau, généreux, vaillant ; il passait à la cour pour un de ces hardis aventuriers qu'il fait bon avoir au nombre de ses amis, qu'on doit craindre parmi ses ennemis. Et puis, il était le favori du roi...

Il est vrai que le roi l'avait malmené, la veille, à son jeu ; mais Sa Majesté, on le savait, avait l'humeur fantasque et maussade, et il n'était personne, duc ou prince, qui n'eût eu à se plaindre, au moins une fois en sa vie, d'une boutade de ce genre.

Don Paëz était donc aimé des uns, craint des autres, choyé de tous.

Don Fernand, lui aussi, était beau-

jeune, riche, presque en faveur ; on le redoutait moins que don Paëz ; peut-être l'aimait-on davantage.

L'affront fait à ce dernier, affront involontaire, il est vrai, causa des impressions diverses aux spectateurs de ce drame improvisé.

Les uns se réjouirent, car don Paëz était vainqueur, et on savait que don Paëz était presque le rival, dans le cœur du roi, du duc d'Albe et autres seigneurs cordialement détestés.

Les autres, au contraire, prirent en pitié ce beau et fier jeune homme au regard profond, au sourire mélancolique, auquel l'infante préférait le hautain don Paëz.

Mais les chuchotements qui eurent lieu aussitôt autour de lui trouvèrent don Fernand calme, froid, non moins fier, non moins hautain que don Paëz.

Seulement, ces deux hommes, qui semblaient se mesurer du regard et se promettre un combat à outrance, se firent un signe mystérieux qui signifiait presque, de la part de l'un : Je regrette ma victoire ; — et de la part de l'autre : Je suis assez fort, assez stoïque pour être vaincu.

L'infante s'était mise en selle, rougissante et toujours émue, don Paëz avait senti sa petite main frémir dans la sienne, et s'il avait été maître de son visage, il n'avait pu l'être de son cœur. Son cœur avait battu d'orgueil et il s'était dit : — Elle m'aime !

Don Fernand demeura une seconde encore immobile devant l'infante et mesurant de l'œil don Paëz ; puis il s'inclina respectueusement, salua fièrement son adversaire devenu vainqueur, et se retira au milieu des sourds murmures des courtisans étonnés ou peinés, et des regards de compassion et d'encouragement des femmes qui semblaient lui vouloir faire oublier l'ingratitude ou le dédain de la princesse.

Un fauconnier tenait en main le cheval de don Fernand ; le gentilhomme se dirigea vers lui, mit le pied à l'étrier, et dit tout bas à l'homme qui l'avait entretenu la veille : — J'accepte.

Pedro, le fauconnier, tressaillit et répondit sur le même ton :

— Il faut partir aujourd'hui même, en ce cas.

— Ce soir, après la chasse.

— C'est trop tard.

— Eh bien ! partons avant la chasse.

— Bien, murmura le fauconnier : à bientôt. Et il s'éloigna.

Don Fernand était en selle, il fit faire une courbette à son cheval, tandis que le fauconnier s'éloignait.

Pendant ce temps on continuait à chuchoter derrière les persiennes, dans la cour d'honneur et au travers des corridors.

— Il y aura aujourd'hui même, disaient plusieurs gentilshommes, un combat sans merci entre don Paëz et don Fernand.

— Don Paëz a le bras lourd, murmuraient les uns.

— Don Fernand est le plus habile spadassin des Espagnes, répondaient les autres.

— Et puis, ajoutait un page, que don Fernand soit vainqueur ou vaincu, il est perdu.

— Pourquoi ?

— Parce que s'il tue don Paëz, le roi ne le lui pardonnera pas.

— Bah ! en duel...

— Don Paëz est le favori du roi, le roi aime don Paëz.

— Mais, ricana un seigneur qui la veille, assistait au jeu du roi, Sa Majesté paraît l'aimer beaucoup moins qu'on ne croit. Hier, à son jeu...

— Oh! dit un officier des gardes, le roi traite de même les plus grands dignitaires de son royaume. Il a l'humeur chagrine.

— D'accord. Mais il ne peut punir un gentilhomme qui en aura tué un autre loyalement et en champ-clos.

— Peut-être ; car don Fernand n'est pas Espagnol.

— Il l'est devenu.

— En apparence, du moins; mais il est Maure au fond du cœur, et l'inquisition n'oublie pas qu'il est le descendant des rois de Grenade...

Un page qui était présent à la discussion haussa les épaules et dit avec un charmant sourire :

— Le grand inquisiteur hait trop cordialement don Paëz pour ne point protéger son meurtrier.

— Et pourquoi le hait-il ?

— Mais simplement parce que le roi l'aime.

— Il est donc jaloux de don Paëz ?

— Hum! murmura le page, en imprimant à son sourire une nuance d'ironie, — qui donc n'est pas jaloux de don Paëz, ici?

On eût trouvé, sans doute, le beau page bien hardi, bien impertinent si l'on eût eu le loisir de réfléchir à ses paroles, et d'interpréter son railleur sourire, — mais tous les regards se portèrent soudain vers le grand escalier, sur lequel ruisselait un flot de soie, de velours, de satins et de dentelles.

Le roi arrivait.

Il était vêtu de noir, selon sa coutume.

Il marchait lentement, le front courbé comme d'ordinaire, mais relevant parfois la tête pour jeter un coup d'œil furtif et rapide autour de lui.

Il porta la main à son feutre, répondant aux saluts de la foule qui s'inclinait bien bas devant lui, et il alla droit à sa fille.

Don Paëz était encore auprès de l'infante ; il salua respectueusement le roi, comme tous l'avaient salué.

Mais il s'inclina moins bas peut-être, et son visage impassible et hautain témoigna de son ressentiment.

Le roi fronça le sourcil.

Sans doute une dure parole allait tomber de ses lèvres et mettre le comble à l'exaspération du favori, quand celui-ci le prévint et se retira à quelques pas.

Le roi prit la main de l'infante, la baisa galamment et lui dit :

— Comment avez-vous dormi, ma belle étoile.

L'infante prit un air boudeur et répondit :

— Fort mal, sire.

— Et d'où vient cette insomnie, madame?

— C'est Votre Majesté qui l'a causée.

— Moi? fit le roi, qui, déridé un instant, reprit son visage morne et sombre.

— Sans doute, sire, dit l'infante. Vous avez grondé don Paëz.

— Oh! oh! murmura le roi, et cela vous empêche de dormir?

— Oui, parce que de tous les grands seigneurs qui vous environnent, aucun ne vous aime comme don Paëz.

— En êtes-vous certaine, mon étoile?

— Très certaine, sire.

— Eh bien! fit le roi, qui redevint joyeux et presque souriant, comme l'insomnie fait du mal, comme vous avez les yeux battus et qu'il est nécessaire qu'une infante d'Espagne soit belle toujours, je vais rendre mon amitié à don Paëz, tout exprès pour vous plaire.

Un charmant sourire glissa sur les lèvres mutines de l'infante :

— Sire, dit-elle, puisque vous rendez votre amitié à don Paëz, vous devriez bien la retirer un peu à un très vilain seigneur qui possède beaucoup trop votre confiance.

— Ah! ah! murmura le roi moitié souriant, moitié sévère, est-ce que nous nous mêlerions de politique, mon étoile?

— Dieu m'en garde, sire!

— Et... quel est ce très vilain seigneur?

— Un homme bien laid, sire, le chancelier Déza.

— Bon! fit Sa Majesté, qui redevint soucieuse, ils me disent tous la même chose. Le duc d'Albe et le marquis de Mondéjar, le grand inquisiteur et don Paëz.

— Et ils ont bien raison, sire.

Mais le roi fronça le sourcil et tourna le dos à l'infante, qui se mordit les lèvres de dépit.

Le roi se trouva face à face avec don Paëz.

Le colonel des gardes était à pied encore, et tenait la bride de son cheval à la main.

— Ah! dit Philippe II, vous voilà, monsieur?

Don Paëz s'inclina sans mot dire.

Le roi le considéra quelques secondes et finit par reprendre son visage de bonne humeur. Il lui posa la main sur l'épaule et lui dit :

— Sais-tu, don Paëz, que tu as bon nombre d'ennemis à ma cour?

Le ton familier de Sa Majesté rendit au colonel des gardes son expression de physionomie ordinaire :

— Sire, répondit-il avec une assurance respectueuse qui sentait son favori, ces ennemis me sont une preuve que je possède quelque peu l'amitié de Votre Majesté.

— Ah! fit le roi.

— Et que, l'occasion et Dieu aidant, je serais tout prêt à dévouer utilement ma vie pour elle.

— Bien parlé, Paëz, dit le roi. Tes ennemis sont puissants et ils veillent sans cesse; mais tu as, en revanche, des amis qui se promettent de te défendre à outrance.

— Vraiment, sire? murmura don Paëz à son tour.

— Par exemple, le marquis de Mondéjar, mon vieux capitaine.

— Je le sais, sire.

— Et puis encore, Paëz, mon ami, une belle dame...

Le colonel des gardes tressaillit.

— Une belle dame, poursuivit Philippe II, que moi, le roi, j'aime à l'égal de mes sept couronnes.

— Votre Majesté me cachera-t-elle le nom de cette belle dame? fit don Paëz avec un fier sourire.

— Elle se nomme, acheva joyeusement le roi, doña Juanita, infante d'Espagne.

Don Paëz étouffa un cri... Puis, redevenant maître de lui, il joua un étonnement si naïf que le roi s'y laissa prendre.

— En vérité! murmura-t-il, Son Altesse s'intéresse à moi?

— Oh! fit le roi en riant, il ne faut pas t'en enorgueillir trop, maître Paëz; l'infante ne t'aime que parce que mon chancelier, don José Déza le déteste... et elle n'aime pas le chancelier...

— Je m'en doutais, soupira humblement don Paëz; mais pourquoi le chancelier est-il mon ennemi?

Le roi haussa les épaules et répondit avec cette bonhomie à la Louis XI, qui faisait le fond de son caractère dans l'intimité :

— Ceci est de la politique... et tu sais bien que je n'y ai jamais rien compris.

— Hum! pensa don Paëz. Sa Majesté est le plus grand politique de son royaume, quoi qu'elle en dise, mais j'y vois plus loin qu'elle en ce moment; l'infante m'aime... parce qu'elle m'aime.

— Mon cheval? demanda le roi.

On amena un étalon noir comme la nuit, dont la crinière était semée d'étoiles d'argent et dont les brides étincelaient de rubis. Jamais plus noble et plus fier animal n'avait brouté les pâturages de l'Andalousie; c'était, pour nous servir de l'expression antique, un vrai cheval de roi.

— Tiens-moi l'étrier, maître Paëz, dit le roi, frappant sur l'épaule de son favori.

Don Paëz mit un genou en terre, suivant l'usage d'alors.

— Inutile, dit le roi, qui redressa sa taille voûtée et sauta lestement en selle; l'étrier seulement.

Philippe II rassembla son cheval et fit un signe.

— Sonnez le départ! dit-il.

Mais un gentilhomme s'approcha l'épée à la main, tête nue, et salua le roi.

C'était don Fernand.

— Sire, dit-il, des intérêts personnels m'obligent à quitter la cour de Votre Majesté.

— Ah! dit le roi, fronçant le sourcil.

— Et je vous supplie d'accepter ma démission des titres et emplois que Votre Majesté a daigné me conférer.

Le grand inquisiteur attacha un œil perçant sur le roi.

Le roi avait un visage impassible.

Le grand inquisiteur se trouvait à deux pas avec le duc d'Albe et le chancelier Déza.

— Si le roi se fâche, dit-il, les Maures sont à nous.

— Et... s'il accepte?

— Ils seront perdus doublement, car nul ne les défendra plus ici.

— Vous vous trompez, monseigneur, dit le chancelier.

— Et qui donc osera les défendre?

— Deux hommes : Mondéjar et don Paëz.

Le duc d'Albe fit un geste de colère :

— Mondéjar, dit-il, est un vieux fou sans influence sur l'esprit du roi; mais don Paëz...

— Don Paëz, interrompit le chancelier est plus puissant que nous tous.

— Peut-être, murmura le grand inquisiteur.

— Très certainement, répondit le grand chancelier; mais à moi seul, je puis le perdre.

— Ah! dirent-ils, et comment?

Le chancelier eut un mauvais sourire.

— Faisons alliance tous trois, dit-il, et je le perdrai !

En ce moment le roi répondait flegmatiquement à don Fernand :

— Vous pouvez vous retirer, monsieur, j'accepte votre démission.

Don Fernand salua, remit son épée au fourreau et son feutre sur sa tête; puis, en passant près de don Paëz, il lui souffla à l'oreille :

— Adieu... je vais être roi!

Don Fernand sortit de la cour, à pied, comme un gentilhomme congédié.

Le cheval qu'il montait tout à l'heure appartenait au roi ; le roi acceptait la démission de ses emplois : il était donc naturel qu'il lui rendît le cheval qu'il tenait de sa munificence.

Mais, de l'autre côté du pont-levis de l'Escurial, un Maure tenait en main deux étalons andalous presque aussi beaux que celui du roi.

Ce Maure était le pauvre fauconnier

Aben-Farax, qui avait eu le temps de changer de costume.

Don Fernand sauta en selle, le Maure l'imita; et tous deux s'éloignèrent au galop.

Quand ils eurent atteint la dernière rampe de ce chemin escarpé qui montait à la sombre demeure de Philippe II, don Fernand arrêta court son cheval, se retourna, embrassa d'un coup d'œil le palais aux murs sévères, à l'aspect morose, auquel les rayons du soleil essayaient vainement d'arracher un sourire; et, la main à la garde de son épée, d'une voix solennelle et grave, il s'écria :

— Je n'étais point ambitieux pour moi-même, messire Philippe II, roi des Espagnes; j'aimais le peuple de mes ancêtres et j'espérais l'arracher à la persécution aveugle de tes sujets. Le sort en a décidé autrement, et mes efforts sont impuissants à rendre le calme et le bonheur à une nation qui paye, depuis des siècles, les revers d'un jour de guerre, par des larmes de sang et de cruelles humiliations. Ce peuple me réclame, roi des Espagnes, il évoque le souvenir de mes ancêtres et me demande mon nom comme un drapeau; mon nom, mon épée, mes trésors et ma vie sont à lui. Ce n'est point don Fernand de Valor, capitaine de tes gendarmes, qui lève l'étendard de la révolte et te déclare la guerre, c'est Aben-Humeya, roi de Grenade, qui, de roi à roi, de pair à pair, te jette le gant! — Je t'ai rendu les insignes de ma servitude, j'ai repris mon indépendance, je ne suis plus ton sujet. Dès ce jour, don Fernand de Valor, le gentilhomme espagnol, n'existe plus; je redeviens Maure; et sauf ma religion, qui est la tienne, et que je regarde comme la vraie religion, je quitte tout, nom, mœurs, coutumes, pour reprendre les mœurs, les coutumes, le nom de mes ancêtres!

Philippe II, roi des Espagnes, des Pays-Bas et des Indes, moi, Aben-Humeya, roi de Grenade et le dernier des Abencerrages, je te déclare la guerre au nom de mon peuple, qui t'a trop longtemps obéi.

Et don Fernand repartit, suivi de son futur lieutenant Aben-Farax; et bientôt, des terrasses de l'Escurial, on n'aperçut plus à l'horizon que deux points noirs enveloppés d'un tourbillon de poussière et se dérobant dans la brume.

VI

Pendant ce temps, le roi Philippe II et sa cour descendaient, à leur tour, les rampes de l'aride coteau qui supporte l'Escurial, et la chasse royale gagnait au galop les gorges de la Sierra où, pendant la nuit, une ourse gigantesque et mère d'une redoutable nichée, avait été détournée.

L'infante paraissait avoir oublié déjà l'affront involontaire qu'elle avait fait à don Fernand — affront, du reste, qui servait en ce moment encore de texte aux conversations et aux demi-mots des courtisans.

Elle babillait, railleuse et coquette, gourmandait la camérera-mayor, qui lui faisait respectueusement observer qu'elle devait être plus réservée dans son langage et dans son maintien, impatientant son cheval qui bondissait et se cabrait à demi sous sa

cravache, et souriant parfois d'un air
mutin à don Paëz, qui caracolait auprès
d'elle avec l'élégance et l'habileté d'un
écuyer consommé.

Autour du roi, au contraire, la conversation avait pris une couleur sombre et sérieuse comme le front du monarque. Deux hommes attaquaient les Maures avec la violence du fanatisme et de la haine, renversant, détruisant un à un les derniers scrupules de ce terrible maître qu'on nommait Philippe II.

Au moment où le brillant cortége entrait dans la gorge désignée pour le rendez-vous de chasse, le roi, à demi vaincu, se tourna vers le marquis de Mondéjar, qui chevauchait à dix pas, échangeant des réponses insignifiantes avec le grand inquisiteur, et l'appelant d'un signe :

— Marquis, dit-il, je me faisais un plaisir véritable de chasser avec vous aujourd'hui, car vous êtes un excellent veneur, plein d'ardeur et d'expérience...

Le marquis laissa échapper un geste d'étonnement, et regarda le roi.

— Mais, poursuivit Philippe II, il me vient en mémoire que vous êtes gouverneur de Grenade.

— En effet, sire, balbutia le marquis.

— Et savez-vous, marquis, qu'un gouvernement sans gouverneur est bien mal gouverné ?

Le marquis tressaillit et fronça le sourcil.

— Aussi bien, j'ai réfléchi qu'il pouvait, d'un moment à l'autre, nous advenir de fâcheuses affaires dans notre royame de Grenade, et qu'il était tout à fait convenable qu'au lieu de perdre votre temps à courre le sanglier et l'ours en notre compagnie, vous piquiez des deux et retourniez à l'Alhambra.

— Sire, répondit le marquis d'une voix respectueuse mais ferme, comme il convient à un vieux soldat, ceci ressemble fort à une disgrâce...

— Une disgrâce ! mon vieux capitaine, fit le roi avec bonhomie ! par saint Jacques de Compostelle ! je n'y songe pas. Retourne à Grenade, je t'y enverrai bientôt mes instructions.

Le marquis s'inclina sans mot dire, tourna bride et quitta le cortége ; à quelques pas, il jeta un regard en arrière et l'arrêta sur le roi, autour duquel se pressaient le duc d'Albe, le chancelier et le grand inquisiteur.

— Mon Dieu ! dit-il avec émotion, les Maures sont perdus ! fasse le ciel que mon honneur sorte sauf de la lutte qui va s'engager !

Pendant ce temps le grand inquisiteur disait au chancelier :

— C'est un grand malheur que Mondéjar soit gouverneur de Grenade.

— Pourquoi cela, monseigneur ?

— Parce que les Maures seront protégés par lui, quoiqu'il arrive.

— Tant mieux ! répondit le chancelier, nous l'accuserons de tiédeur, on le rappelera et nous enverrons le duc d'Albe à Grenade.

Un éclair passa dans les yeux du grand inquisiteur.

— Vous avez raison, dit-il.

— Et puis, continua le chancelier, le marquis Mondéjar nous gênait ici ; il était tout dévoué à don Paëz, et il nous faut perdre celui-ci dans l'esprit du roi.

— Ce sera fort difficile, chancelier.

— Vous croyez? murmura flegmatiquement don José Déza.

Et en ce moment le *lancer* fut sonné sous le couvert, les chiens découplés s'élancèrent, en hurlant, sur la brisée, et les plus ardents des veneurs, sans attendre le roi, emportés par cette indomptable passion que les sons du cor allument et excitent chez certains chasseurs d'élite, mirent leurs chevaux au galop et suivirent les chiens.

A leur tête, on voyait courir l'infante, dont le cheval ardent laissait déjà derrière lui presque tous les autres. Mais un cavalier la suivait de près et galopa bientôt à ses côtés; c'était don Paëz.

— Tenez, dit le chancelier Déza en étendant sa cravache dans leur direction, regardez !

— Eh bien ? demanda le grand inquisiteur.

— Mais, dit le chancelier avec un méchant sourire, je trouve maître don Paëz, simple gentilhomme et de naissance plus qu'obscure, assez hardi de suivre d'aussi près une infante d'Espagne, qui fait, du reste, assez peu de cas des grands seigneurs de la cour, en priant un aventurier de lui tenir l'étrier.

Le grand inquisiteur fit un mouvement d'inquiétude :

— Savez-vous, dit-il, qu'on joue sa tête à de pareilles accusations ?

— Bah ! répondit le chancelier, un courtisan n'expose sa tête que lorsqu'il est un imbécille ou un honnête homme... et je ne suis ni l'un ni l'autre.

— Moi, répondit le grand inquisiteur avec un sourire glacé, je ne suis pas courtisan, chancelier, et bien que je haïsse don Paëz autant que vous le haïssez, je ne vous suivrai pas sur un chemin glissant.

— Je ferai la besogne tout seul, soyez tranquille. Et puis du reste qui sait...

Le chancelier s'arrêta, craignant d'exprimer indiscrètement toute sa pensée.

— Achevez! insista le grand inquisiteur, en attachant sur lui un regard profond.

— Qui sait, murmura tout bas le chancelier, si ce serait vraiment une calomnie et si l'infante...

— Oh! dit le grand inquisiteur avec colère, pour l'honneur des Espagnes, silence, monsieur, taisez-vous!

— Eh bien! messieurs, cria le roi, interrompant sa conversation avec le duc d'Albe, nous ne chassons pas, ce me semble; pourtant la bête est sur pied.

La vallée où la chasse venait de s'engager était une gorge tortueuse et profonde, encaissée parmi des rochers escarpés, recélant mainte caverne dans leurs flancs grisâtres, boisée de taillis rabougris et serrés, au travers desquels serpentaient plusieurs sentiers se croisant, se rejoignant et se séparant ensuite comme les dédales d'un labyrinthe.

Les voix des chiens, les sons du cor y trouvaient un magnifique et retentissant écho. Bientôt voix et sons se dispersèrent, et on les entendit simultanément sur des points différents ; chaque veneur s'abandonna soit à l'instinct sagace de son cheval, soit à ses propres inspirations, et s'enfonça sous le couvert à droite ou à gauche selon qu'il croyait couper la chasse et gagner la tête des chiens en suivant telle ou telle direction.

L'infante, emportée par son ardeur et confiante dans les jarrets d'acier de son étalon, suivit le fond de la vallée, franchissant les blocs de rochers et les troncs d'arbres, les précipices et les divers accidents qui la fermaient çà et là.

Bientôt elle eut mis entre elle et le reste des veneurs un espace si considérable que leurs fanfares ne lui arrivèrent plus qu'indécises et perdues dans l'éloignement. Seul, l'un d'entre eux, don Paëz, ne perdait pas un pouce de terrain sur elle et galopait côte à côte.

A mesure que les sons du cor allaient s'affaiblissant, la voix des chiens devenait plus distincte, et nos chasseurs paraissaient s'en approcher.

Leurs chevaux étaient déjà blancs d'écume, une bave sanglante frangeait leurs mors; mais ils étaient tous deux de vaillante race et n'avaient nul besoin de sentir l'éperon.

Tout à coup la voix de la meute qui, jusque-là, avait paru se rapprocher, sembla s'éloigner et perdit de son ensemble.

L'infante se retourna vers don Paëz à qui elle n'avait point encore adressé la parole :

— Il y a un défaut, dit-elle, ou nous perdons la chasse.

— L'un et l'autre, madame, répondit don Paëz ; tournons à gauche.

Ils quittèrent les bas-fonds de la première gorge et s'enfoncèrent dans une seconde plus étroite, plus sauvage, plus tourmentée encore, dans laquelle, soit réalité, soit simple effet d'un écho lointain, la meute semblait hurler de plus belle. La gorge était étroite, disons-nous, si étroite, même, qu'à un certain moment les deux veneurs galopant toujours côte à côte se trouvèrent si près l'un de l'autre que leurs selles se touchèrent et que le vent chassait parfois sur le visage de don Paëz les boucles brunes de la chevelure de l'infante.

A ce contact, don Paëz tressaillit profondément, et il vit avec une joie sauvage la vallée tourner brusquement par coudes multipliés, et devenir de plus en plus déserte.

Cependant, la voix des chiens approchait toujours; bientôt elle résonna stridente, bientôt encore les taillis du sommet de la vallée semblèrent frémir et s'agiter sous un souffle inconnu; puis un monstre en sortit la gueule sanglante et les flancs haletants... C'était l'ourse.

Puis, derrière l'ourse et la *buvant* (1), la meute, ardente et tellement serrée, qu'on l'eût recouverte avec un manteau.

L'ourse passa, sans les voir, à vingt pas des chasseurs, traversa le torrent desséché qui servait de chemin, et dans lequel don Paëz et l'infante chevauchaient, — et grimpa le talus opposé, où elle disparut sous les broussailles.

La meute s'y engouffra après elle; mais la meute n'obéissait plus, du reste, qu'à ses propres instinct, car valets, chiens et piqueurs, elle avait tout laissé en arrière.

— Le talus était trop rapide pour que

1) Expression consacrée en terme de vénerie.

les chevaux, malgré leur ardeur, y pussent tenir pied aux chiens, et l'infante laissa échapper un petit cri de colère.

— Voilà, dit-elle que nous allons encore perdre la chasse.

— Ne craignez rien, répondit don Paëz, l'ourse sera morte avant une heure.

L'infante hocha la tête d'un air de doute.

— Tenez, fit-elle avec dépit, entendez-vous déjà les chiens qui s'éloignent et courent vers le Nord? La chasse est manquée.

— Pardon, répondit don Paëz avec

calme, si j'en crois mes instincts de veneur, rien n'est perdu, et nous sommes près de la tanière de l'ourse.

— Vrai ! fit-elle avec une joie enfantine.

— Silence ! interrompit brusquement don Paëz, écoutez...

Un hurlement sauvage, une sorte de grognement confus résonnait à cinq ou six cents pas dans les broussailles, au pied d'un banc de rochers caverneux.

— Entendez-vous les oursons ?... Réveillés par la voix des chiens, ils ont distingué au milieu de leurs hurlements deux ou trois cris de rage échappés à leur mère. Venez, madame...

Et don Paëz poussa son cheval, qui, malgré les ronces, gravit le talus à moitié et porta son cavalier à l'entrée de la caverne qui servait de retraite habituelle à l'ourse.

L'infante l'avait suivi.

Les oursons étaient au nombre de trois. Ils étaient tout jeunes encore, et à la voix de leur mère, ils s'étaient traînés à l'entrée de la tanière.

Don Paëz mit froidement pied à terre, aux yeux de l'infante étonnée, en prit un par les oreilles, le serra dans ses bras et l'étouffa.

Le second eut le même sort.

Puis don Paëz dénoua sa ceinture, attacha fortement les pattes de derrière du troisième, et le suspendit, la tête en bas, à un arbre voisin.

L'ourson fit alors entendre des hurlements désespérés, et comme l'infante ne comprenait point encore, don Paëz lui dit :

— La mère reconnaîtra les cris de son nourrisson, et elle va revenir. En effet, dix minutes après, la voix des chiens se rapprocha de nouveau, mêlée à de sourds grognements ; bientôt l'ourse arriva au galop et bondit vers l'étroite plate-forme sur laquelle don Paëz, à pied, et l'infante, toujours à cheval, avaient fait halte.

L'ourse s'arrêta une minute, mesura ses adversaires du regard, flaira ses deux nourrissons morts avec un hurlement de douleur, puis se dressa sur deux pattes et marcha, terrible et l'œil sanglant, vers don Paëz qui l'attendait de pied ferme.

L'ourse avançait avec un calme qui donnait le vertige.

Don Paëz avait ses pistolets au poing.

Il laissa faire dix pas au monstre, l'ajusta ensuite et fit feu.

L'ourse jeta un cri de douleur, recula d'un pas et ne tomba point ; elle se remit en marche, au contraire, et arriva si près de son adversaire qu'elle lui brûla le visage de sa rugueuse haleine.

Alors don Paëz étendit le bras, et de son second pistolet lui cassa la tête ; — elle tomba raide morte.

Mais au moment où il se retournait triomphant vers l'infante, celle-ci poussa un cri d'indicible effroi, et, étendant sa main tremblante vers les bruyères voisines, montra à don Paëz une masse noirâtre qui bondissait vers eux.

C'était le mâle de l'ourse qui accourait venger sa femelle et ses petits.

Et don Paëz n'avait plus d'arme chargée ! il ne lui restait que sa dague...

L'ours n'hésita point ; comme sa femelle, il ne flaira pas ses nourrissons morts, il ne prit pas garde à celui qui, suspendu à un arbre, remplissait l'air de ses hurlements ; — il bondit vers don Paëz, et fut si rapide dans son élan, que l'Espagnol désarmé n'eut point le temps de tirer son arme.

L'ours était tout debout et touchait don Paëz.

Il ouvrit les pattes, saisit le gentilhomme et le serra sur sa poitrine velue avec une violence telle, qu'il en fut suffoqué et ferma les yeux une seconde.

Un cri d'angoisse de l'infante, qui demeurait immobile et pétrifiée à quelques pas, rendit à don Paëz son énergie et son sangfroid.

L'infante était là ! elle allait assister à cette lutte sans précédent, à ce duel à mort d'un homme et d'un monstre; — et l'infante l'aimait déjà !

— Don Paëz, mon ami, pensa-t-il, il

s'agit de mourir ou d'être gendre du roi... Choisis!

Et, quand il se fut dit cela, don Paëz se sentit si fort, lui, le gentilhomme élégant, qui parfumait sa barbe avec des essences mauresques, qu'il étreignit l'ours à son tour; celui-ci poussa un hurlement sourd.

Ce fut une lutte vraiment grandiose et terrible que celle qui s'engagea alors, sur une étroite plate-forme de rochers, avec un mur infranchissable d'une part, et un ravin profond de l'autre.

L'homme et le monstre se balancèrent quelques secondes, enlacés comme des rivaux de jeux olympiques; pendant quelques secondes, ils ne présentèrent aux yeux de l'infante, fascinée par la terreur, que la silhouette d'une masse informe, oscillant au-dessus de l'abîme et prête à y rouler sans cesse. Puis, tout à coup, un cri retentit, la masse sembla se fendre en deux. Au cri strident échappé à l'homme, un hurlement de détresse répondit, et l'ours, balancé un moment dans les robustes bras de don Paëz, fut jeté dans le ravin et y tomba inerte et sans vie.

Don Paëz était parvenu à tirer sa dague, et l'avait enfoncée jusqu'à la garde dans le flanc du monstre.

L'ours était tombé dans le ravin avec la dernière arme de don Paëz, qui n'avait point songé à la retirer de ce fourreau improvisé.

Le cavalier se tourna alors vers l'infante, toujours blanche et froide comme une statue ; il lui jeta un regard d'orgueil et de triomphe ; il voulut courir à elle et la rassurer... Mais ses forces, épuisées par la lutte, le trahirent ; il eut le vertige, tomba d'abord sur un genou, puis s'affaissa tout à fait et s'évanouit.

Les griffes du monstre avaient meurtri

ses épaules, le sang perlait sous son pourpoint bleu de ciel et jaspait les dentelles de sa collerette. . . . .

. . . .

Quand don Paëz revint à lui, il aperçut, penché sur son visage, le visage empourpré de l'infante qui mouillait ses tempes avec l'eau fraîche d'une source puisée dans son feutre, et lui faisait respirer un flacon d'essence qu'elle portait suspendu au cou par une chaîne d'or.

L'infante avait seize ans : si elle était princesse, elle était femme aussi ; de plus, elle aimait don Paëz sans avoir jamais osé se l'avouer peut-être.

Don Paëz venait de courir un grand péril; don Paëz était évanoui, don Paëz était plus beau que jamais avec son front pâle et sa large poitrine tachée d'un sang rose et transparent... Don Paëz, enfin, malgré les soins empressés qu'elle lui prodiguait, tardait à reprendre ses sens...

Et puis l'infante était seule en ce lieu, elle n'avait à ses côtés ni camérera grondeuse, ni courtisans jaloux; elle pouvait donc s'abandonner à sa douleur... et elle pleura.

Elle pleura, la naïve enfant, sans prendre garde que ses larmes, tombant brûlantes sur le visage pâle de don Paëz le ranimeraient bien mieux que l'eau et les essences qu'elle y répandait. Et, en effet, ce fut sans doute à leur contact que don Paëz ouvrit les yeux; il jeta, à la vue de ces larmes qui coulaient sur les joues veloutées de l'infante, un de ces cris où se fondent la joie et l'orgueil, et qui rendent tous les cœurs faibles.

L'infante se redressa comme une biche effarée à laquelle le souffle du vent apporte un lointain jappement; elle se retira rougissante, émue, cachant son visage dans ses mains.

Mais ces larmes, tombées sur lui comme des perles, avaient ranimé don Paëz; il

courut vers l'infante, se précipita à ses
genoux, lui prit les mains, les couvrit de
baisers, murmurant de cette voix enchanteresse à laquelle il savait imprimer
toutes les nuances de la passion :

— Oh ! pleurez, madame, pleurez encore...

L'infante, confuse, retira ses mains,
essuya ses larmes et lui dit avec une
émotion presque solennelle :

— Don Paëz, relevez-vous et écoutez-
moi.

Il obéit, et la regarda avec enthousiasme.

— Don Paëz, reprit-elle, vous êtes un

simple gentilhomme, et je suis, moi, une infante d'Espagne. Il y a un mur d'airain entre nous, un mur que rien ne saurait briser. Mais la fatalité m'a arraché mon secret; vous m'avez vu pleurer, vous savez que je vous aime, don Paëz. Eh bien! don Paëz, il ne nous reste plus, après cet aveu, à vous qu'à mourir, à moi qu'à me séparer du monde à jamais. Vous allez vous tuer, don Paëz, vous tuer, quand j'aurai mis ma main dans votre main, et un baiser sur votre front. Demain, j'annoncerai à mon père que j'entre au couvent des Camaldules pour n'en jamais sortir.

Et comme don Paëz se taisait toujours, elle continua avec exaltation :

— Eh bien! ami, la mort vous épouvanterait-elle? — Et quand je t'ai dit que je t'aimais...

Mais don Paëz l'interrompit d'un geste, et mettant la main sur son cœur :

— Madame, dit-il, je ne suis point un simple gentilhomme méritant la hache et le billot pour avoir osé lever les yeux sur une fille de roi...

Don Paëz s'arrêta, redressa sa taille superbe, porta la tête en arrière avec une noblesse sans égale, et poursuivit :

— Je ne suis point don Paëz le simple

et obscur gentilhomme que vous croyez — je me nomme Jean de Penn-Oll, et je suis le descendant d'une race princière, qui a porté couronne ducale au front au temps où les ducs étaient les pairs des rois.

L'infante poussa un cri — cri de joie et d'ivresse s'il en fut! — et puis, à son tour, elle s'affaissa sur le gazon jauni par le soleil des Espagnes et ferma les yeux.

Don Paëz la prit dans ses bras, et il allait l'emporter vers la source où naguère elle avait puisé de l'eau, quand trois hommes, portant le costume de l'époque, mais armés de mousquets et de pistolets, se dressèrent du milieu des bruyères et l'entourèrent.

— Qui êtes-vous? demanda don Paëz tressaillant et interdit.

— De pauvres bohémiens qui valent mieux, à cette heure, que les gardes du roi que tu commandes, beau don Paëz, répondit l'un d'eux en ricanant.

Et tous trois s'élancèrent sur le gentilhomme désarmé et tenant l'infante dans ses bras; — ils l'enlacèrent avec une force herculéenne, le terrassèrent malgré ses efforts inouïs, désespérés, et le garrottèrent.

— Beau don Paëz, dit alors celui qui déjà avait pris la parole, tu viens de faire notre fortune. Merci! une infante d'Espagne! voilà, par saint Jacques! une belle rançon!

Don Paëz frissonna; don Paëz, le brave et le hardi, eut peur à ces mots sinistres.

— Misérable! exclama-t-il, que comptez-vous donc faire de nous?

— Rien de mauvais, beau gentilhomme; nous espérons avoir quelques milliers de doublons à l'effigie de feu Sa Majesté l'empereur Charles-Quint et de son très haut et puissant héritier Philippe II, roi des Espagnes et des Indes. Voilà tout.

— Je vous ferai pendre, scélérats ! s'écria le favori de Philippe II.

— Si nous voulions te pendre nous-mêmes et à l'instant, répliqua le *gitano* en ricanant, la chose nous serait facile ; il y a ici bon nombre d'arbres qui serviraient de potence, mon maître ; mais, sois tranquille, nous ne sommes pas de ces obscurs bandits satisfaits de pouvoir assassiner un gentilhomme afin de lui voler sa bourse et sa défroque ; nous entendons mieux nos affaires, ami Paëz, comme dit le roi ; et nous savons ce que vaut la vie d'un colonel des gardes et celle d'une infante d'Espagne.

— Vraiment! fit don Paëz redevenu calme, vous ne paraissez vous en douter nullement, mes maîtres, car cette infante d'Espagne dont vous voulez tirer parti, vous la laissez évanouie et couchée sur l'herbe, sans lui porter le moindre secours. Don Paëz en parlant ainsi avait un sourire de mépris aux lèvres, et il essayait vainement de ronger ses liens ou de les couper avec ses dents.

— Beau don Paëz, répondit le gitano avec un dédain glacé, tu insultes notre race et tu as tort, car les Maures valent les Espagnols, et nous avons sous nos capes trouées plus d'or qu'il n'en résonne dans ta ceinture de cuir de Cordoue ouvragé. Et puis, ajouta négligemment le gitano, tu nous insultes, toi qui es brave, ni plus ni moins qu'un lâche, car tu sais bien que notre métier n'est pas de tuer les gens désarmés — surtout... — et le Maure ricana de nouveau, quand ce sont des colonels, favoris d'un roi puissant, et pour la liberté desquels l'Espagne fera sans scrupule une large trouée aux caisses d'or enfouies dans les caves de l'Escurial. Sois tranquille, Paëz, nous allons transporter l'infante en lieu sûr, et nous en aurons les plus grands soins. Nous la traiterons selon son rang, et puis, comme tu as une parole excellente, comme on y peut croire aveuglément, nous te demanderons ta parole, et tu iras chercher à l'Escurial ou à Madrid sa rançon et la tienne.

— Je n'irai pas! fit don Paëz avec colère.

— Bah! murmura le gitano avec insouciance, tu iras, mon maître; tu iras parce que l'infante t'aime et que tu veux être gendre du roi...

Don Paëz tressaillit.

— Silence! s'écria-t-il.

— Sois tranquille, beau don Paëz, nous ne trahissons jamais un secret, surtout quand ce secret doit être profitable à notre cause et nuisible à nos ennemis. Ah! tu veux épouser une infante? Tant mieux! mon maître, parce que si tu deviens puissant en Espagne, les Maures seront plus heureux... En route !

L'un des trois hommes prit l'infante dans ses bras, l'autre s'empara des chevaux, le troisième aida don Paëz à se lever et lui dit :

— Marche, mon gentilhomme ; le chemin est court, du reste, et nous serons bientôt arrivés.

Et don Paëz, les mains liées derrière le dos, suivit les gitanos, et s'enfonça avec eux sous le couvert.

Don Paëz avait été moins soucieux et moins sombre un quart d'heure auparavant, quand il luttait corps à corps avec le monstre.

L'infante prisonnière avec lui, l'infante tombée au pouvoir des Bohémiens en sa compagnie; c'était sa perte, aux yeux du roi.

Mais don Paëz était homme de ressources; il n'avait point donné sa parole encore, et il pouvait méditer et exécuter un plan d'évasion si brillant qu'il reconquerrait à l'instant tout l'avantage de la position.

Il cheminait donc tête baissée et méditant, tandis que les gitanos portaient l'infante à tour de rôle, quand le sentier tortueux qu'ils suivaient au travers des bruyères, s'arrêta brusquement en face d'un mur de rochers qui semblaient défendre au voyageur de passer outre.

Celui qui paraissait être le chef de la troupe alla droit à l'un des rochers, et le heurta avec la crosse de son mousquet. Une partie de ce même roc s'entr'ouvrit, tourna sur des gonds invisibles, et laissa à découvert les premières marches d'un mystérieux escalier.

— Nous voici chez nous, dit-il ; entrez, mon gentilhomme.

Le gitano qui portait l'infante s'engagea le premier dans cet étrange chemin ; puis, après lui, le second bohémien qui venait d'attacher les chevaux à un chêne, puis don Paëz, et enfin le chef qui fermait la marche.

Ils descendirent ainsi une trentaine de degrés, guidés par le jour tremblotant de l'orifice ; puis, tout à coup, les degrés firent place à une couche de sable criant sous les pieds ; au lieu de descendre encore, don Paëz sentit qu'il suivait une route latérale de plain-pied et il se trouvait maintenant dans l'obscurité ; à un coude de cette route, il vit poindre, dans l'éloignement, la lueur rougeâtre d'une torche.

Un bruit sourd se fit alors entendre au-dessus de sa tête, et il se retourna vivement.

— C'est la porte qui se referme, lui dit le gitano.

A mesure qu'il approchait de la torche, don-Paëz distinguait plus aisément les objets d'alentour ; et bientôt il aperçut, au bout du souterrain, plusieurs hommes environnant une table et occupés à jouer aux dés.

A l'arrivée des nouveaux venus ces hommes se levèrent avec empressement, et l'un d'eux cria :

— Holà ! gitanos, quelle aubaine avez-vous ?

— Une infante d'Espagne !

Un murmure de joie courut parmi les Bohémiens, qui abandonnèrent leurs dés et se groupèrent en tumulte auprès de l'infante, qu'on déposa sur la table et dont on ne s'occupa point davantage.

— Il faut appeler *Madame*, dit le chef des gitanos.

— Madame a fait défendre sa porte.

— Cordieu ! même pour une infante.

— Hum ! firent quelques-uns.

Et, tandis qu'on hésitait, les regards de plusieurs tombèrent sur don Paëz.

— Et celui-là, quel est-il ? demanda-t-on.

— Celui-là ? fit le chef en riant, c'est le colonel des gardes, messire don Paëz.

— Oh ! oh ! le favori du roi ?

— Précisément, mes maîtres.

— Eh bien, faut-il prévenir Madame.

— Sangdieu ! fit don Paëz impatienté et rompant le morne silence qu'il avait gardé jusque-là, votre maîtresse est donc une bien grande dame qu'elle ne puisse interrompre ses occupations pour recevoir une infante d'Espagne !...

Don Paëz achevait à peine qu'un pan de mur s'ouvrit absolument de la même manière que le bloc de roche qui avait mis à découvert l'escalier souterrain, et le gentilhomme aperçut au travers une petite pièce de forme octogone, tendue de soie, décorée avec luxe et dans le goût oriental, vivement éclairée par d'énormes candélabres de bronze, dans lesquels brûlait la cire la plus pure qu'on eût jamais recueillie dans les gorges des Alpunares ou sur les coteaux de Grenade.

Une femme parut sur le seuil de cet étrange boudoir, et don Paëz l'ayant envisagée, la trouva si admirablement belle qu'il poussa un cri d'admiration.

Cette femme qui se présentait ainsi inopinément aux yeux de don Paëz n'était point une de ces affreuses bohémiennes que la tradition nous représente lisant dans la main des jeunes filles et leur prédisant l'avenir; ce n'était pas non plus cette créature folâtre et sautillante, belle, mutine, rieuse, comme celles des tableaux de Giraud et de Desbarolles, c'était une femme de vingt-quatre à vingt-cinq ans, au front sérieux, presque sévère, au profil correct et pur du type oriental, au grand œil noir qui fascinait plus qu'il ne séduisait peut-être.

Entre la beauté de cette femme et celle de l'infante, il y avait un abîme de passions et de sombres douleurs.

L'infante était la jeune fille naïve, traduisant en larmes perlées les premières et mystérieuses émotions de son cœur. Cette femme était la statue vivante de la passion assombrie par la jalousie, dominée parfois par un but inconnu vers lequel elle devait marcher sans relâche.

Si cette femme n'avait point encore

souffert ces tortures sans nom que l'amour enfonce au cœur des femmes, le doigt de la fatalité avait du moins écrit sur son front qu'elle les endurerait un jour.

Don Paëz, le blasé et le sceptique, don Paëz l'ambitieux, qui se servait de l'amour comme d'un marchepied, don Paëz qui jouait avec la candide passion d'une fille de roi, baissa involontairement les yeux sous l'ardent regard de cette femme, et il se sentit saisi d'un trouble inconnu.

La Bohémienne, car c'en était une, à coup sûr, à en juger par sa robe de velours noir, sa résille enfermant à grand'-

peine une chevelure abondante et d'un noir de jais, son corsage écarlate et ses bas de même couleur — la Bohémienne, disons-nous, s'arrêta une minute sur le seuil, promena son œil perçant sur les dix ou douze hommes groupés autour de la table, l'arrêta une seconde sur la jeune princesse évanouie, puis le reporta sur don Paëz qui, malgré ses liens, conservait sa fière attitude, et l'y arrêta longtemps.

Don Paëz, troublé d'abord, se remit bientôt de son émotion inexpliquée, et soutint le regard de la Bohémienne avec assurance.

Alors, celle-ci baissa les yeux à son tour, rougit imperceptiblement, puis, s'adressant à celui qui s'était emparé de l'infante :

— Hammed, dit-elle, te voilà bien joyeux, n'est-ce pas, d'avoir fait une prise aussi importante ?

— Oui, *Madame*, répondit le gitano avec respect.

— Et tu comptes avoir ta part de la rançon ?

— Comme c'est mon droit, répondit Hammed.

— Tu te trompes, Hammed...

Le gitano recula, interrogea la Bohémienne du regard, mais n'osa ouvrir la bouche.

— Tiens, fit un autre, plus hardi, pourquoi donc ?

— Parce que nous préférons l'infante à une rançon.

Il y eut un murmure d'étonnement parmi les Bohémiens, et don Paëz lui-même haussa les épaules et grommela :

— Quelle charmante plaisanterie !

La Bohémienne leva de nouveau les yeux sur lui.

— Et savez-vous, reprit-elle, sans cesser de regarder le gentilhomme, mais s'adressant toujours aux gitanos, et savez-vous pourquoi nous garderons l'infante sans demander de rançon ?

— La garder, et pourquoi ? murmurèrent les bandits.

— Parce que les Maures, hier encore, étaient des esclaves persécutés, à qui il était permis de voler leurs persécuteurs — et qu'ils seront demain un peuple libre, ayant un roi, reprenant les mœurs et les coutumes de ses pères, et déclarant ouvertement la guerre à ses oppresseurs.

Don Paëz tressaillit et regarda la Bohémienne avec attention.

— Or, poursuivit la Bohémienne, la

guerre déclarée par les Maures aux Espagnols, l'infante nous devient un ôtage précieux que nous pourrons échanger ou faire valoir convenablement.

— C'est juste, murmura Hammed. Mais j'aurais préféré les doublons du roi Philippe.

La Bohémienne lui jeta un regard de mépris :

— Vous voilà bien tous, dit-elle, Maures dégénérés, qui n'avez conservé de vos ancêtres que le nom. Vos frères ont courbé le front sous le joug, ils sont devenus artisans et cultivateurs; vous, plus fiers, plus indépendants, vous vous êtes réfugiés dans les montagnes; vous avez, sous le nom de Bohémiens, fait à vos oppresseurs une guerre de brigandages et de rapines, et cette guerre vous a plu si fort, elle a si bien flatté vos instincts pervers, que le jour où il faut arborer un drapeau et combattre, non plus comme des bandits, mais comme des chevaliers, vous hochez la tête et regrettez votre profession de voleurs!

Un sourd murmure de désapprobation à l'endroit d'Hammed se fit entendre, et les gitanos s'inclinèrent devant la Bohémienne avec ce respect que les peuplades orientales accordent à ceux qui parlent bien.

— Quant à ce gentilhomme, continua la Bohémienne, désignant du doigt don Paëz, nous allons lui rendre la liberté sans rançon.

— Pourquoi? firent les gitanos surpris.

— Parce que, répondit-elle, il est le seul gentilhomme de la cour d'Espagne qui ait appuyé, hier soir, le marquis de Mondéjar, défendant les Maures au jeu du roi.

— Sangdieu! murmura don Paëz, ce n'est donc pas un vain bruit qui court, et les Bohémiennes sont donc de race mauresque?

— Quelques-unes, messire don Paëz, répondit la gitana, en le regardant fièrement.

Puis, se tournant vers Hammed qui murmurait dans son coin :

— Coupe les liens du sire don Paëz, dit-elle, il est libre.

Hammed obéit.

— Tout ceci est parfaitement inutile, fit le gentilhomme avec calme, je veux demeurer prisonnier.

— Tu veux demeurer prisonnier! s'écria la gitana avec un mouvement de joie.

— Oui, répliqua don Paëz, je ne m'en retournerai certes pas à la cour d'Espagne sans l'infante: puisque j'ai été pris avec elle, elle sera libre avec moi ou je partagerai sa captivité.

La bohémienne était devenue soucieuse et fronçait le sourcil :

— Viens avec moi, dit-elle, je veux te parler sans témoins.

Elle lui prit la main, et don Paëz frissonna au contact de cette main qui pressait la sienne; elle l'entraîna; il la suivit sans résistance.

Sur le seuil du boudoir, elle dit aux gitanos :

— Faites respirer des sels à l'infante ; voici bien longtemps que dure son évanouissement, et il n'est pas convenable qu'une fille d'Espagne soit aussi mal soignée par des Maures.

Puis elle poussa don Paëz dans sa mystérieuse retraite ; le pan du mur s'abaissa, et ils se trouvèrent seuls.

— Don Paëz, dit-elle alors, tu es ambitieux, n'est-ce pas?

Don Paëz tressaillit.

— Qui vous a dit cela ? fit-il.

— Tu veux être gendre de roi.

Don Paëz bondit et s'écria :

— Comment savez-vous mon secret ?

— Qu'importe ! si je le sais.

— Et... le sachant, reprit don Paëz qui retrouva son humeur altière et fougueuse, comment oses-tu, Bohémienne, me le dire à moi-même ?

— Ah ! fi ! don Paëz, murmura la gitana avec un accent de dédain glacé ; je suis une femme, il me semble...

— C'est vrai, et je vous demande pardon, madame.

— Je connais donc votre secret, don Paëz, mais je sais aussi que les plus grands projets rencontrent une imperceptible pierre d'achoppement qui les fait avorter.

Don Paëz parut inquiet.

— Aimes-tu l'infante, don Paëz?

— Non, de par Dieu! l'amour est l'ennemi de l'ambition.

— Et laquelle de ces deux passions, l'ambition ou l'amour, conduit au bonheur, selon toi?

Don Paëz haussa les épaules.

— Pour être heureux, il suffit de croire qu'on l'est en effet, fit-il avec un dédaigneux sourire. Qu'importe le talisman!

Un éclair passa dans les yeux de la gitana; elle prit la main de don Paëz et le fit asseoir auprès d'elle sur des coussins lamés d'or.

— Pauvre insensé! dit-elle avec douceur, un regard, un mot d'amour d'une femme valent peut-être mille fois mieux que cette puissance après laquelle tu cours...

Et la voix de la gitana était fascinatrice, et don Paëz en était ému malgré lui.

— Tu ne me réponds pas, don Paëz, reprit-elle.

Don Paëz sentit sa raison chanceler au bruit magique de cette voix; il fit un violent effort, rompit le charme qui l'enlaçait, et s'écria avec un éclat de rire sardonique :

— Est-ce que tu parlerais pour toi, sorcière maudite?

L'œil de la Bohémienne s'alluma de colère; elle regarda don Paëz avec mépris, puis se leva froidement et lui dit :

— Messire don Paëz vous êtes libre, et vous pouvez vous retirer.

— Je crois vous avoir dit, madame, répondit le colonel des gardes avec un ton plus respectueux, qu'il m'était impossible de retourner à l'Escurial sans l'infante. Mon honneur en souffrirait grand dommage.

La Bohémienne hésita :

— Eh bien ! dit-elle tout à coup en tirant un anneau de son doigt, regardez bien cette bague; sur le chaton est écrit un mot arabe, qui signifie serment...

— Après? dit don Paëz.

— Si un jour, demain ou dans dix ans, un inconnu se présentait à vous en quelque lieu que vous fussiez, et vous dit : Je suis prisonnier, vous allez me rendre la liberté; ne me demandez ni quel est mon désir, mon crime ou mon but. Je me présente chez vous et je vous somme, en vous montrant cette bague, de me faire conduire, moi et les deux personnes qui m'accompagnent, en tel lieu que je vous désignerai?

— Diable! fit don Paëz, ceci pourrait devenir gênant en temps de guerre.

— A ce prix, ajouta la bohémienne, quand tu m'auras engagé ton honneur de gentilhomme, l'infante pourra te suivre et retourner avec toi à l'Escurial.

— Est-ce tout ce que vous me demandez ?

— Je te demande en outre le silence le plus absolu sur ce qui vient de se passer ici et, si l'infante n'est point revenue à elle avant qu'elle sorte du souterrain, elle ignorera qu'on l'a conduite en ce lieu avec toi ; si elle a repris ses sens, eh bien ! tu lui recommanderas la discrétion... elle t'aime...

Et la gitana prononça ce mot avec un accent de douleur.

— Elle t'aime... reprit-elle, elle t'obéira...

— Comme ces mots te coûtent à prononcer ! gitana, fit don Paëz avec douceur.

Mais elle lui montra le mur qui se rouvrait :

— Va-t'en, dit-elle, tu es libre; emmène l'infante.

L'infante était toujours évanouie.

Le grand air, quelques gouttes d'eau fraîche répandues sur son visage l'eussent ranimée bien mieux que la chaude atmosphère des souterrains.

— Allons, dit la gitana avec intérêt, prends l'infante dans tes bras, don Paëz, et va-t'en.

Don Paëz obéit.

— Conduisez-les jusqu'à la porte du souterrain, continua-t-elle s'adressant à l'un des Bohémiens.

La voix de la gitana tremblait d'émotion, son regard ne brillait plus de courroux, elle avait les yeux baissés.

Don Paëz remarqua son trouble, et lui dit à voix basse en s'éloignant :

— Je te jure de remplir scrupuleusement les conditions que tu m'as faites en me rendant la liberté.

— J'y compte, murmura-t-elle sans lever les yeux.

— Singulière femme ! pensa le cavalier en s'éloignant.

Quand il eut fait dix pas, précédé et éclairé par deux guides, il entendit quelques murmures derrière lui. C'étaient les Bohémiens qui trouvaient étrange que celle qu'ils nommaient *Madame* renvoyât ainsi l'infante après avoir annoncé qu'elle la garderait en ôtage.

— Je vous ordonne de vous taire ! leur dit-elle d'un ton impérieux.

Et les murmures s'éteignant soudain, don Paëz put juger de l'ascendant qu'elle avait sur ces hommes ; et, comme tout sceptique qu'il pût être, il vivait en un siècle où la magie ne manquait ni d'adorateurs ni de croyants, il se prit à penser que la gitana était bien réellement sorcière.

Les deux Bohémiens conduisirent don Paëz jusqu'à l'issue du souterrain, où les chevaux étaient encore attachés à un arbre.

Puis ils le saluèrent sans mot dire, et le bloc entr'ouvert se referma lentement sur eux.

Don Paëz chercha des yeux une source, un filet d'eau où il pût tremper son mouchoir et en humecter le front pâle de la jeune fille ; partout autour de lui le sol était aride, brûlé du soleil, et il était loin de cette fontaine suintant au travers des rochers et auprès de laquelle les gitanos l'avaient surpris et terrassé.

Les forces du gentilhomme étaient épuisées par la lutte physique soutenue d'abord contre le monstre, ensuite contre les Bohémiens, et par les angoisses morales qu'il venait d'éprouver. Il n'eut point le courage de transporter l'infante au bord de la fontaine, mais il songea que l'air et la rapidité de la course allaient avoir un résultat plus efficace que les soins insuffisants qu'il essayerait de lui prodiguer.

Il sauta donc en selle sur le cheval de l'infante, abandonnant le sien, plaça la jeune fille devant lui et piqua des deux.

Le cheval s'élança au galop sur la pente rapide de la forêt.

Don Paëz devait se hâter, du reste. Il était plus de midi quand il avait rejoint la meute, combattu les deux ours, et fait si fâcheuse rencontre des Maures vagabonds. Il avait passé près de deux heures, soit en route avec eux, soit sous leur garde dans le souterrain. Au moment où il mit le pied à l'étrier pour regagner l'Escurial, le soleil, déclinant à l'horizon, amortissait ses derniers rayons dans les brumes épaisses du soir.

Don Paëz avait près de six lieues à faire pour atteindre la plaine que domine l'Escurial, et il ne pourrait rejoindre la chasse, quoi qu'il fît.

Toutes ces réflexions mirent l'aiguillon au cœur du fier jeune homme et il lança sa fringante monture à travers ravins et précipices.

Cette course insensée ranima l'infante; elle ouvrit les yeux, poussa un nouveau cri et se crut un moment le jouet d'un rêve étrange où le fantôme de don Paëz, mort pour elle, l'emportait aux enfers sur un cheval fantastique.

On devait être inquiet de la princesse; le roi envoyait sans doute déjà dans toutes les directions... Peut-être ses ennemis à lui, don Paëz, commentaient-ils déjà son absence..

Et alors, comme les morts ne sont plus soumis aux convenances qui régissent les vivants, elle oublia les lois inflexibles de l'étiquette, les leçons sévères de la camérera-mayor; et soit frayeur, soit élan d'amour, elle passa ses bras au cou de don Paëz et l'enlaça étroitement. Ce fut une course vagabonde et charmante, une féerie arabe, que ce trajet à travers monts et vaux, accompli sur un cheval qui paraissait avoir des ailes, par cet homme et cette femme, beaux tous deux, jeunes tous deux, semblant avoir devant eux l'avenir qui rendrait l'heure présente éternelle.

Malheureusement cette femme était princesse, cet homme était un simple cavalier et le rêve se brisa aux portes de l'Escurial.

La nuit était venue, obscure ; le palais était illuminé comme pour une fête, le cor résonnait, et dans toutes les directions, plaines ou collines environnantes, passaient au galop, phares éblouissants dans les ténèbres, des cavaliers portant des torches et cherchant la fille du roi.

— La voilà! s'écrièrent cent voix, au moment où le cheval ruisselant franchit le pont-levis.

— Escortée par don Paëz, ajouta une voix moqueuse qui fit tressaillir le colonel des gardes.

Cette voix, c'était celle du chancelier Déza, son ennemi mortel.

CHAPITRE SEPTIÈME

leur montra don Paëz et leur dit avec cette assurance que les femmes les plus timides possèdent aux heures critiques :

— Messieurs, voici mon sauveur !

Et comme on se regardait étonné, elle poursuivit :

— Don Paëz a tué de sa main, l'un d'un coup de pistolet, l'autre d'un coup de poignard, et après une lutte corps à corps au bord d'un précipice, deux ours qui n'auraient pas dédaigné de déchirer à belles dents une infante d'Espagne.

Ce mot fut dit avec un calme apparent qui déguisait mal un reste de frayeur ; le ton de l'infante avait un cachet de vérité dont nul ne douta ; on cria : *Vive doña Juanita !* on la porta en triomphe chez le roi, qui venait d'être pris d'un accès de goutte.

En même temps on se pressait autour de don Paëz ; on le flattait, on le complimentait, et, plus rassuré, don Paëz saluait le chancelier d'un sourire dédaigneux et moqueur.

Les gardes, qui adoraient leur colonel ; les pages, qui l'aimaient pour sa magnificence et son luxe élégant, qui contrastait avec l'avarice sordide du chancelier, son rival dans la faveur royale, chantaient bien haut ses louanges et son courage, à travers les salles et les corridors qu'il traversait sur les pas de l'infante.

Le roi avait été averti du retour de la jeune princesse; il en connaissait déjà tous les détails bien en avant qu'elle arrivât jusqu'à lui, suivie et presque portée par la foule.

Quand elle parut sur le seuil de la chambre royale, malgré son état souffrant, le roi se leva, alla vers elle et la pressa tendrement dans ses bras, tandis que le chancelier rejoignait le grand inquisiteur et le duc d'Albe, placés derrière le fauteuil de Philippe II.

L'infante raconta alors à son père les péripéties du drame auquel elle avait assisté et dont le colonel Paëz était le héros ; elle le fit même avec une volubilité, un enthousiasme tels, que le chancelier, inquiet déjà, en tressaillit de joie et dit tout bas au duc d'Albe :

— L'infante nous sert à merveille.

Le roi écouta gravement le récit de sa fille, puis se tourna vers don Paëz et lui dit :

— Messire Paëz, venez baiser notre main royale. Nous vous remercions en notre nom et au nom de nos sujets.

La joie et l'orgueil brillèrent sur le

front du colonel des gardes ; il s'avança la tête haute, jetant un superbe regard au chancelier, mit un genou en terre et baisa la main du roi.

— Messire don Paëz, continua le roi, vous êtes notre favori et nous vous aimons à l'égal de nos plus chers sujets, bien que de votre propre aveu vous soyez étranger à notre royaume d'Espagne ; pour vous donner une preuve nouvelle de notre gratitude et de notre confiance, nous vous octroyons un gouvernement.

Don Paëz tressaillit et s'inclina frémissant ; le chancelier devint livide et jeta au duc d'Albe un regard effaré.

— Le marquis de Mondéjar, poursuivit le roi est parti ce matin pour Grenade, dont il est vice-roi ; — vous l'allez rejoindre, nous vous nommons gouverneur de l'Albaïzin, cette ville turbulente que les eaux du Duero ont peine à séparer des terrasses de l'Alhambra.

Don Paëz pâlit : cette faveur, qui l'avait d'abord fait tressaillir d'orgueil, n'était plus qu'une disgrâce. Gouverneur d'un faubourg de Grenade, sous les ordres immédiats d'un autre officier, lui, le colonel-général des gardes, le favori du roi ! C'était une dérision amère, si amère, qu'il crut à une plaisanterie et regarda le roi.

Mais le roi était froid et sérieux comme s'il eût été en conseil de ministres.

Le duc d'Albe et le chancelier échangèrent un sourire ; le visage du grand inquisiteur redevint calme et souriant, de pâle et conctracté qu'il était.

Il y eut un mouvement de stupéfaction parmi les courtisans ; on ne comprenait rien à cette disgrâce.

— Sire, dit alors don Paëz un moment interdit, et retrouvant enfin l'usage de sa langue, l'Albaïzin est donc un gouvernement bien important, que vous l'octroyez au colonel-général de vos gardes, de préférence à un simple capitaine de gendarmes ou de lansquenets ?

— Très peu en apparence, beaucoup en réalité, ami Paëz, répondit le roi avec calme.

— Vraiment, sire? fit don Paëz pâle de colère.

— Messire don Paëz, poursuivit le roi, il y aura peut-être un soulèvement d'ici à quelques jours, en notre beau royaume de Grenade, et alors vous aurez pour mission de bombarder, du haut des tours de l'Albaïzin, les colonnes et les jardins de l'Alhambra...

Don Paëz tressaillit et releva la tête :

— En ce cas, dit-il, j'accepte la mission que me confie Votre Majesté.

— En vérité? fit le roi, et sans cela vous l'eussiez refusée?

— Peut-être... sire.

Le roi se mordit les lèvres, mais au lieu d'éclater, ainsi que cela lui arrivait souvent, après un mot impertinent, il se contenta de sourire et répondit :

— Tu es donc fier, ami Paëz?

— On doit l'être, quand on a l'honneur de servir Votre Majesté.

Le roi frappa amicalement sur l'épaule de son favori, geste qui impressiona désagréablement ses rivaux ; puis il fit un signe et demanda qu'on le laissât seul avec son colonel des gardes.

La chambre royale fut évacué sur-le-champ ; une fois seul avec Paëz, le roi dit au colonel des gardes :

— Ami Paëz ! je te disais ce matin que tu avais de grands ennemis à ma cour.

— Qu'importe ! si j'ai l'amitié de Votre Majesté.

— Tu l'as. Cependant il court d'étranges bruits sur vous. On dit que vous êtes ambitieux...

Le favori pâlit et regarda le roi avec inquiétude.

— Et que, poursuivit Philippe II, non-seulement vous désirez arriver aux premiers emplois du royaume, mais encore...

Le roi s'arrêta et se prit à rire.

— Mais encore, sire ? insista don Paëz.

— Oh ! ceci est burlesque, ami Paëz, et il faut que le chancelier soit fort ton ennemi...

— Sire, s'écria don Paëz, qui maître de lui, comprenait combien le terrain devenait glissant, je ne consens à savoir quelle accusation le chancelier porte contre moi, que si vous m'autorisez à lui planter, en champ-clos la lame de mon épée dans la gorge.

— Tout beau! mon maître, j'ai besoin de mon chancelier.

— Eh bien ! sire, en ce cas, voyez si mes services passés, si mon dévoûment et ma fidélité ne sont point assez forts pour me garantir de quelque accusation infâme ; — et puis, si vous croyez messire don José Déza plus que vous ne croyez votre cœur et vos yeux, sire, envoyez-moi à l'échafaud ou au bûcher, mais ne me dites point de quoi le lâche m'accuse, car, malgré mon respect pour Votre Majesté...

— Eh bien ! vois-tu, ami Paëz, interrompit le roi avec bonhomie, je ne veux pas t'attrister davantage, mais il est nécessaire que tu t'éloignes quelques mois de notre cour Je sais que les Maures vont se révolter, et j'en suis satisfait, ce sera le moyen de les écraser une fois pour toutes, et de ne plus entendre les criailleries du grand inquisiteur, de mon chancelier et de tant d'autres. Dieu! fit le roi avec un soupir d'ennui, comme ces gens-là sont fatigants, et que je les ferais bien bien brûler si je n'en avais si grand besoin !

— Votre Majesté, dit charitablement don Paëz, ne pourrait-elle pas trouver un moyen convenable de les remplacer ?

Un large sourire épanouit le visage sombre de Philippe II.

— Tu as de l'esprit comme le roitelet de Navarre.

— Merci, sire.

— Et puisque tu as tant d'esprit, tu devrais songer que je deviens vieux, que j'ai la goutte, qu'une journée de chasse est bien pénible pour moi et que j'ai besoin de me coucher. Frappe sur ce timbre, Paëz, mes gentilhommes me vont venir déshabiller...

— Vous passerai-je la chemise, sire?

— Tu vois bien que tu es ambitieux, Paëz, mon ami, car tu réclames une faveur de prince du sang. Non, va-t'en; il n'y aura pas, ce soir, de coucher du roi.

Don Paëz s'inclina.

— A propos, dit le roi, si tu n'étais pas trop las, tu ferais bien te mettre en route dès ce soir.

— Pour Grenade?

— Sans doute. Le temps est précieux, mon maître.

Don Paëz attacha son œil perçant sur le roi. Le roi avait l'air d'un bonhomme qui n'entendait absolument rien à la politique, et n'avait d'autre préoccupation grave que la goutte dont il souffrait fort.

— Je ne suis jamais las, dit le favori, quand il s'agit du service de Votre Majesté.

— Bien parlé, messire. Ainsi c'est convenu, tu pars ce soir, sans bruit, presque seul, avec quelques gardes bien entendu ; — un colonel du roi ne voyage point sans escorte.

— Sire, m'accorderez-vous une grâce ?

— Parle, ami Paëz, j'accorde toujours à ceux que j'aime.

— Je voudrais composer moi-même la garnison de l'Albaïzin.

— Eh bien!... prends les régiments que tu voudras.

— Je demanderai donc le premier escadron des gardes, le régiment de gendarmes allemands que commandait don Fernand de Valer, et, de plus, une compagnie de lansquenets.

Soit, je te les accorde. Ils partiront demain, tandis que tu les précéderas pour prendre possession de la place.

Don Paëz baisa les mains du roi et fit

un pas pour sortir. Sur le seuil il s'arrêta :

— Pardon, sire, dit-il, j'ai une dernière prière à vous adresser.

— Voyons? fit le roi avec bonté.

— Messire don Diégo d'Altona, un des gentilshommes de la chambre, est mort en duel il y a huit jours, et il n'est point remplacé encore.

— Et tu voudrais me donner un protégé?

— Un ami, sire, un gentilhomme écossais de bonne maison qui désire vous servir.

— Eh bien! tu me l'enverras.

— Je vais lui mander un messager. Il

arrivera demain à l'Escurial, avant le coucher du soleil.

— Je désirerais, sire, que nul, à la cour, ne sût que ce gentilhomme est présenté par moi.

— Je te promets le secret, foi de roi !

Don Paëz sortit par les petits appartements et gagna l'escalier dérobé qui conduisait à son logis.

L'escalier était obscur, cependant il sembla au gentilhomme qu'une forme blanche glissait devant lui.

Il doubla le pas, un léger bruit lui confirma la présence d'un être vivant dans l'escalier ; — et au moment où il allait demander qui donc était là, une petite main satinée se posa sur sa bouche et une voix qu'il reconnut murmura tout bas : silence !

Cette voix, cette main c'était celles de l'infante.

— Vous ici, madame? fit-il avec un étonnement mêlé de joie.

— Chut! reprit-elle. Vous m'avez dit vrai, n'est-ce pas, quand vous m'avez dit que vous étiez de maison princière ?

— Oui, sur l'honneur !

— Vous allez commander une place forte dans le royaume de Grenade, il court des bruits de guerre, soyez vaillant et songez à moi...

La voix de l'infante tremblait.

— Et... fit don Paëz ému, vous, madame ?

— Moi, dit l'infante, j'attendrai que vous soyez le plus grand capitaine des Espagnes, et puissiez reprendre votre nom. Adieu.

Don Paëz écoutait encore cette voix mélodieuse et tremblante, qui soulevait son cœur d'orgueil et d'enthousiasme, que déjà l'infante était loin et que le frôlement de sa robe s'était éteint dans les corridors. Il gagna son logis, ivre d'espérance ; puis avant d'appeler le Maure qui lui servait de valet de chambre, pour lui ordonner de préparer son départ, il se jeta un moment dans un fauteuil, croisa les bras, et se dit avec un fier sourire :

— Ah ! messire Philippe II, roi des Espagnes, vous êtes un grand politique, dit-on, et vous l'êtes, puisque vous déguisez une disgrâce sous l'apparence de l'amitié la plus vive ; — mais vous ne connaissez point don Paëz, sire roi, et don Paëz est plus profond politique que vous. O ambition ! ajouta-t-il, tu es la plus noble et la plus grande des passions, car ceux que tu prends en croupe montent si haut, qu'ils ne s'arrêtent que sur les dernières marches d'un trône !

CHAPITRE HUITIÈME

IX

Une heure après, don Paëz galopait à cheval, suivi de son Maure, une route escarpée qui courait aux flancs de la Sierra.

Il était deux heures du matin environ

et la lune enfin levée, versait des flots de clarté tremblante sur la plaine et les montagnes, guidant les deux cavaliers. Ce n'était point, cependant, la route de Grenade que suivait don Paëz ; c'était peut-être à cause de cela qu'il enfonçait l'éperon aux flancs de sa monture pour arriver plus vite et ne point perdre un temps précieux.

Pourtant, quelque diligence qu'il fît, don Paëz voyagea toute la nuit, quittant parfois le penchant des montagnes, pour entrer dans une vallée sauvage comme on en voit dans la chaîne des Sierras espagnoles ; puis, abandonnant les vallées pour de petites plaines arides, caillouteuses, que bornaient à l'horizon de nouvelles collines couvertes de bruyères, et des forêts de chênes verts rabougris. A mesure que la nuit s'écoulait, le chemin que suivait le colonel des gardes devenait plus étroit et moins frayé ; bientôt ce ne fut plus qu'un sentier tracé à peine par les pâtres et les muletiers; et enfin, quand vint le point du jour, notre cavalier se trouva au sommet d'un mamelon où disparaissait tout vestige du passage et de la présence des hommes.

Il se trouvait sur l'un des pics les plus élevés de la Sierra.

Sous ses pieds s'étendait une petite vallée creusée en entonnoir, couverte de bruyères verdoyantes, entourée de jeunes taillis et ayant çà et là un coin de frais pâturages où venaient brouter les chèvres sauvages de la montagne.

Au milieu s'élevait une petite habitation, non point la venta espagnole, non point la posada où s'arrêtent les muletiers, ni la cabane du chasseur d'ours, mais une maison au toit élancé qui rappelait vaguement les climats du Nord, la hutte du montagnard écossais.

Une vigne sauvage grimpait le long des murs et entrelaçait ses pampres capticieuses à l'entour des fenêtres; un grand sycomore rejetait une partie de son feuillage sur la toiture, pour l'abriter des rayons du soleil; un rideau de bruyères lui servait de ceinture, et sur la pelouse verte qui s'étendait devant la porte paissait une vache blanche et noire, venue à grands frais des bords de la Twed.

Malgré l'heure matinale, les croisées de la petite maison écossaise étaient ouvertes, et l'arrivée du colonel des gardes fut signalée par un lévrier noir et feu qui gardait le logis en compagnie d'une vieille femme vêtue à l'écossaise et assise sur le seuil, sa quenouille à la main.

Le lévrier s'élança en grognant à la rencontre de don Paëz, mais il le reconnut sans doute à mi-chemin, car ses aboiements dégénérèrent en cris de joie, et il dressa ses longues pattes sur l'étrier du gentilhomme pour lui lécher les mains.

— Bonjour, Mary, dit le colonel des gardes en saluant la vieille Écossaise. Hector est-il levé?

— Il est parti pour la chasse depuis plus d'une heure, monseigneur.

— Pourvu, fit don Paëz, qu'il ne soit pas trop loin encore.

Et il entra dans la maison, y prit une

cornemuse accrochée au-dessus du manteau de la cheminée et sonna, à pleins poumons, une fanfare de chasse, bien connue en Écosse, celle du roi Robert.

Peu après la même fanfare retentit dans les bruyères et bientôt, au sommet d'un coteau voisin, don Paëz vit se dessiner sur le gris cendré du ciel matinal, la silhouette du chasseur qui répondait à son appel. En même temps un autre chien, noir comme le premier, mais de cette belle race épagneule qu'on nomme de nos jours les chiens du roi Charles Ier, apparut bondissant au-dessus des bruyères et devançant son maître pour venir fêter le nouveau venu.

Le chasseur qui accourait presser don Paëz dans ses bras, c'était Hector.

Cinq ans s'étaient écoulés depuis son départ d'Écosse; mais le temps avait été impuissant à écarter de son front ce voile de sombre tristesse que nous lui avons déjà vu. Il était aussi mélancolique, aussi désespéré, le pauvre jeune homme, que le jour où son frère Gontran l'arracha tout sanglant du combat et l'emporta, sur son cheval, loin de Bothwell et de cette reine ingrate qu'il avait tant aimée.

En vain don Paëz avait-il cherché à

cicatriser la plaie vivace de son âme : soins empressés, attentions exquises, tout avait été superflu.

Hector avait voulu vivre loin du monde, il avait paru regretter les montagnes et les sauvages vallées de sa chère Écosse : don Paëz lui avait fait élever cette maison, dont le style rappelait l'Écosse, au milieu de ce paysage agreste qui avait un air de famille avec les sites des monts Cheviot ; Hector avait un jour souhaité de revoir Mary, la nourrice de son malheureux Henry, don Paëz avait fait venir la vieille femme.

Don Paëz, l'ambitieux et le cœur froid,

laissait ses rêves de grandeur et son égoïsme sur le seuil de la maison d'Hector. Il l'aimait plus que Gaëtano, plus que Gontran, plus que tout au monde. Hector, c'était pour lui cette maîtresse qu'on dérobe à tous les regards, dont on cache l'existence à tous, pour laquelle on s'échappe furtivement et qu'on vient visiter en secret. C'était encore cet enfant gâté dont on épie les fantaisies et les caprices pour les satisfaire aussitôt, dont on envie un sourire, dont la joie devient une source de bonheur, dont la tristesse assombrit l'âme et plisse le front.

Don Paëz avait laissé ignorer à la cour

l'existence de son frère; il venait le voir,
à l'insu de tous, même du roi. Pour quelques heures, il oubliait près de lui ses
rêves, son but, son orgueil. Il prenait
dans ses mains la tête blonde d'Hector,
comme un frère aîné celle d'une sœur
chérie, il la couvrait de baisers et cherchait dans ses yeux un furtif rayon de
bonheur.

Hélas! ce rayon ne brillait jamais!

Hector accourut, se jeta dans les bras
de son frère qui l'y tint longtemps serré,
— puis il lui dit :

— Passeras-tu la journée avec moi,
Paëz?

— Non, dit brièvement Paëz, je ne descendrai pas même de cheval.

— Mon Dieu! fit Hector tremblant et regardant le soucieux visage de son frère; qu'as-tu donc, Paëz?

— Enfant, répondit le colonel des gardes, je cours un grand danger.

— Un danger! toi? et lequel?

— La disgrâce du roi.

— Mon Dieu! fit Hector, que vas-tu donc me dire?

— Frère, dit don Paëz, tu as horreur du monde; mais il faut, si tu m'aimes, rentrer dans le monde.

Hector jeta un muet et douloureux regard à sa chère solitude, et répondit :

— Frère, compte sur moi. Faut-il reprendre la cape et l'épée, courir à cheval et sans trève à travers les populations et les contrées différentes de l'univers ?

— Rien de tout cela ; il faut vivre à la cour du roi Philippe II.

— Près de toi !

— Non, loin de moi. Je suis presque exilé.

— Que me dis-tu donc là, frère ?

— Le roi me donne le gouvernement de l'Albaïzin, un faubourg de Grenade, à moi son colonel des gardes ! N'importe ! il faut obéir ; et pendant que je serai loin de lui, mes ennemis infatigables et qui ont juré ma perte, mes ennemis creuseront sans relâche un souterrain dont la voûte s'écroulera sous mes pas, à mon retour. Je n'ai personne à Madrid, personne à l'Escurial qui m'aime assez pour me défendre.

— Je te défendrai, moi, dit fièrement Hector.

— Aussi viens-je à toi pour te dire : Frère, nous nous devons l'un à l'autre, car nous porterons un jour le même nom, et il faut que ce nom soit grand et respecté entre tous ; tu étais en péril en Écosse, et je suis accouru ; maintenant c'est moi que le danger menace. A moi, frère ! à moi !

— Je suis prêt, répondit Hector. Que dois je faire ?

— J'ai annoncé au roi l'arrivée d'un gentilhomme écossais dont il fera un gentilhomme de la chambre; j'ai sa parole royale que nul, à la cour, ne saura que nous sommes parents; — tu y porteras le nom de ton père adoptif, ce laird écossais qui t'éleva. Ta charge te placera près du roi à toute heure; à toute heure tu pourras l'approcher et veiller sur mes ennemis, qui sapent sourdement mon crédit et ma faveur.

— Et je ferai bonne garde, frère, sois tranquille.

— Le plus acharné de tous est le grand chancelier, et il se nomme don José Déza.

— Bien, et les autres ?

— Des autres, deux sont redoutables : le duc d'Albe et don Antonio, le grand inquisiteur.

— Voici des noms à jamais gravés dans ma mémoire.

— Au moindre bruit qui te parviendra, à la moindre crainte qui surgira dans ton esprit, au plus léger froncement de sourcils du roi, quand mon nom sera prononcé devant lui, mets un messager à cheval et envoie-le à Grenade avec cet anneau.

Don Paez tira une bague de son doigt et la remit à Hector.

— Si le danger est réel, tu m'enverras celui-ci.

— Et il lui passa au doigt un second brillant.

— Et s'il est pressant, s'il n'y a ni temps à perdre ni moyen de soutenir la lutte de loin, tu mettras toi-même le pied à l'étrier, tu crèveras dix chevaux en route, et tu arriveras à Grenade. Alors je retournerai près du roi, j'irai me défendre moi-même, et si je suis vainqueur... Oh! s'écria don Paëz, dont l'œil étincela comme l'éclair, si je suis vainqueur! ils verront si les griffes du lion s'émoussent et se brisent, même sur l'airain et sur l'acier? A cheval, Hector! à cheval!

La petite habitation d'Hector renfermait deux chevaux, tous deux nés dans la verte Écosse, ayant brouté dans leur jeunesse les genêts d'or et les bruyères grises des montagnes; animaux dociles, patients, infatigables comme tout ce qui ne naît pas dans les plaines; rapides comme une étincelle du tonnerre et galopant à la crête des précipices et sur le bord des torrents avec la fantastique assurance de ces chevaux-fantômes des ballades de leur pays.

Mary sella l'un d'eux, le plus jeune et le plus fort ; il était gris de fer, ses jambes étaient grêles comme les fuseaux de la vieille femme, on eût aisément compté chaque muscle et chaque veine sur son large garot, et son œil à fleur de tête étincelait comme celui des andalous et des arabes. Hector se mit en selle, prit sa claymore, son plaid et sa carabine à deux canons superposés ; il suspendit à son flanc droit la dague et la gourde des chefs de clans, rejeta sur son épaule la cornemuse de chasse, agrafa à son chapeau une plume de geai noire et bleue, qui était celle du clan où il avait passé sa jeunesse — et, ainsi équipé, il siffla ses deux chiens, l'épagneul et le lévrier.

— Tiens, frère, dit-il à don Paëz, emmène l'un des deux, celui que tu voudras, et puis, arrivé à Grenade, renvoie-le-moi.

— Pourquoi cela? demanda don Paëz.

— Parce qu'ainsi il connaîtra la route en te portant l'anneau que tu me confies, bien plus rapidement et surtout plus sûrement qu'un cavalier.

— Tu as raison, fit don Paëz, les chiens valent mieux que les hommes; leur fidélité est à l'abri de l'or... et de l'ambition. Je choisis le lévrier.

Mary se mit à sangloter en voyant partir Hector.

— Ce sera comme mon fils Henry, murmura-t-elle, ils me l'ont tué... et pourtant il devait revenir.

— Je reviendrai, mère nourrice, murmura Hector avec émotion... je reviendrai...

Et comme un pressentiment funeste venait l'assaillir, il poussa son cheval en avant et s'engagea le premier dans le sentier abrupt qui conduisait vers les plaines.

Les deux frères coururent côte à côte pendant deux heures; puis, arrivés aux portes d'un misérable village bâti sur la hauteur, ils s'arrêtèrent un moment.

La route se bifurquait. D'un côté elle remontait vers le nord et gagnait l'Escurial; de l'autre, elle descendait au midi et courait en longs détours vers les fertiles vallées de ce paradis de l'Espagne qu'on nomme le royaume de Grenade.

Hector fit un signe au lévrier, et l'animal docile se plaça devant le cheval de don Paëz.

— Frère, dit alors celui-ci en pressant une dernière fois Hector dans ses bras : — quand dans les corridors de l'Escurial ou de Madrid, tu rencontreras seule une belle et charmante fille, blanche comme du lait d'Écosse, avec de grands yeux noirs comme la plume de ton feutre, une femme comme en rêvent les poètes arabes, — si nul ne t'entend, si nul te voit, approche-toi et dis-lui bien bas :

— L'aimez-vous toujours ?

— Enfin ! dit Hector tressaillant soudain, tu aimes, frère Paëz, ton cœur de marbre s'est ouvert ?

Un sourire glacé passa sur les lèvres de don Paëz.

— Fou! dit-il, est-ce que je puis aimer, moi?

Et don Paëz prononçait ce blasphème sous un étincelant rayon de soleil levant, au penchant d'une colline embaumée, dont chaque arbre fleuri était un orchestre, où, musiciens du roi des cieux, les oiseaux chantaient un hymne d'amour; devant une fontaine ombragée d'un sycomore et sous les rameaux duquel deux jeunes filles du village s'étaient assises, les bras arrondis sur leur alcaraza, pour deviser tout bas de deux beaux muletiers qui reviendraient le lendemain des plaines d'Andalousie avec des tissus mauresques, des étoffes et quelques-uns de ces romanceros aux sons desquels les mules marchent gravement et cadencent leurs pas.

— Impie! murmura Hector, tu ne l'aimes pas, et cependant...

Hector hésita.

— Cependant? demanda don Paëz.

— Et cependant, tu veux savoir si elle t'aime toujours...

— Oui, fit don Paëz ; mais sais-tu quel nom elle porte?

Il se pencha sur le cou de son cheval,

et effleurant de ses lèvres l'oreille d'Hector :

— Elle se nomme dona Juanita, infante d'Espagne.

— Imprudent! fit Hector qui tressaillit.

— Bah! répondit don Paëz, l'audace est le talisman des ambitieux; oser, c'est pouvoir!

Et il fit de la main un geste d'adieu à son frère, siffla le lévrier et lança son cheval au galop sur la route de Grenade, dont les cailloux grincèrent et jetèrent des myriades d'étincelles.

Don Paëz courut toute la journée sous ce soleil ardent de l'Espagne qui terrasse les plus énergiques natures et les accable de son poids.

La sueur ruisselait de son front, son cheval était mourant de fatigue, — mais l'orgueilleux don Paëz avait hâte d'arriver et de se convaincre, en présence de ce faubourg mesquin qu'on avait décoré pour lui du nom de gouvernement, de l'étendue de sa disgrâce pour la regarder en face et la dominer.

Don Paëz n'était pas un de ces cœurs pusillanimes qui fuient le malheur ou le danger; il allait au contraire au-devant d'eux, et les mesurait avec un calme superbe.

Vers le soir, cependant, après une halte de quelques minutes à une posada, dans laquelle lui et son Maure changèrent de chevaux et où ils prirent un frugal repas, — don Paëz modéra son allure et se mit à réfléchir.

Quand don Paëz réfléchissait, il laissait volontiers flotter la bride sur le cou de son cheval et parfois même lui permettait d'arracher un rameau vert aux arbres de la route ou de brouter une touffe d'herbes.

Il cheminait alors dans une plaine déserte malgré sa fertilité et sa luxuriante végétation, une plaine se déroulant en long boyau entre deux chaînes de montagnes boisées, au flanc desquelles paraissaient, épars çà et là, un troupeau de moutons blancs ou fauves dont les clochettes tintaient au loin, et un vieux pâtre, fièrement drapé dans ses haillons, debout sur une roche grise, chantant d'une voix grave et sonore un romancero des rois mauresques, les maîtres du passé, les proscrits du présent, et toujours les héros de ce peuple de poètes qui a inventé les balcons, les guitares et les sérénades.

Le soleil avait émoussé ses rayons; la brise du soir s'était levée embaumée et tiède; les orangers et les grenadiers secouaient leurs panaches à son souffle, et des nuées d'oiseaux bavards, de merles siffleurs et de perdrix rouges, s'enlevaient, au passage du cavalier, des broussailles et des genêts voisins, fuyant à tire d'ailes la présence de l'homme.

Alors don Paëz laissa quelques minutes ses projets d'ambition s'assoupir dans son esprit inquiet, — il s'abandonna à ce calme grandiose et poétique du paysage qu'il parcourait, et involontairement il songea à ce mot *impie* que lui avait jeté Hector, le matin, quand il niait et raillait l'amour. Il se laissa bercer ainsi par les doux soupirs du vent, le chant des oiseaux et ces mille bruits confus qui s'élèvent des champs au déclin du jour, admirant, comme à son insu, les riches teintes de l'horizon, et ces accidents infinis de forme et de couleur que le soleil couchant sème dans le ciel et sur les collines lointaines.

Et alors, peut-être, se prit-il à penser que les plus nobles, les plus orgueilleuses ambitions humaines n'excitaient qu'un sourire de mépris de cet artiste sublime, de ce poète des poètes, de ce roi des rois qu'on nomme Dieu, — tandis qu'un rayon d'amour pur et vrai, un de ces élans du cœur comme n'en ont plus ces hommes que l'ambition ronge et mord éternellement, trouveraient grâce devant son dédain.

Aimer une femme!

Don Paëz pesa ces trois mots quelques minutes, et il répondit enfin par ceux-ci :

— Aimer, qui? Serait-ce l'infante, cette naïve enfant qui avait enlacé son cou de ses bras d'albâtre avec la spontanéité candide de la passion?

— Bah! se répondit-il on n'aime pas la femme dont on veut faire un marchepied à son ambition.

Serait-ce cette gitana, Bohémienne

couverte d'oripeaux, devant laquelle des
bandits s'inclinaient avec respect, dont
la voix avait un charme magnétique,
fascinateur, inexplicable; sous le regard
de laquelle on baissait involontairement les yeux, et qui, malgré sa condition misérable et son luxe d'emprunt,
l'avait fait tressaillir, lui, don Paëz, le
cœur de marbre?

— Peut-être, se dit-il au milieu de sa
rêverie.

Et il se souvint que toute Bohémienne
qu'elle pût être, elle était femme, et
qu'il l'avait presque outragée... Il se souvint encore qu'elle ne s'était point mon-

trée courroucée de la dureté de ses paroles ; que plus d'une fois, au contraire, l'oppression de son sein, le timbre tremblant de sa voix, l'avait averti qu'elle souffrait en silence...

Don Paëz en était là de ses réflexions quand le site, changeant tout à coup à ses yeux, les interrompit un moment.

Il entrait dans une sauvage vallée, déserte en apparence comme la plaine qu'il abandonnait, mais en réalité, remplie d'une population mystérieuse et presque invisible, dont il devina bientôt la présence à certains mouvements qui se firent dans les touffes voisines, à des coups de sifflet lointains qui se croisèrent dans l'espace.

Mais don Paëz était brave, — il se contenta de visiter les amorces de ses pistolets et de recommander la même précaution à son Maure.

A mesure que les brumes du soir tombaient sur la vallée de plus en plus étroite et sauvage, il semblait à don Paëz que des ombres se mouvaient imperceptiblement sur les rochers voisins et, enfin, au moment où la nuit arriva tout à fait et jeta son humide manteau sur les épaules calcinées des montagnes, plusieurs pâtres descendirent de toutes parts dans la vallée et se placèrent bientôt sur la route du cavalier, semblant lui défendre de passer outre.

— Oh! oh! dit don Paëz à voix basse, voici des pâtres qui ont des mines bien sombres et qui ne me paraissent pas savoir le moindre romancero. Essayons de dérider leur front nuageux. Et il retira ses pistolets de leurs fontes et passa la bride à son bras.

— Holà! cria-t-il, quand la tête de son cheval toucha presque la poitrine de ces pâtres étranges, holà! mes maîtres; place, au nom du roi!

— De quel roi? demanda l'un d'eux.

— Du roi d'Espagne, corbleu !

— Lequel ? demandèrent-ils encore.

Don Paëz éclata de rire :

— Je ne sache pas, dit-il qu'il y en ait deux.

— Pardon, répliqua celui qui avait pris la parole le premier, il y a le roi de Castille, de Navarre et d'Aragon qui se nomme Philippe II...

— Et l'autre ?

— L'autre est le roi de Grenade.

— Boabdil, peut-être, ricana don Paëz ; et vous êtes sans doute les fantômes des Abencerrages, qui furent décapités dans la fameuse cour des Lions, au palais de l'Alhambra, et dont les têtes sanglantes roulèrent dans le bassin de marbre ?

— Nous sommes des êtres vivants, et non point des fantômes, sire cavalier, et le roi de Grenade auquel nous obéissons a été proclamé cette nuit même à dix lieues d'ici, dans les Alpunares.

— Ah ! ah ! fit don Paëz qui tressaillit, et comment se nomme-t-il, ce roi-là ?

— Aben-Humeya ; il est le dernier des Abencerrages.

— C'est-à-dire qu'hier encore il avait nom don Fernand de Valer ?

— Précisément.

— Eh bien! fit don Paëz avec calme, moi, don Paëz, colonel général des gardes du roi Philippe II, je vous somme de me livrer passage.

— Don Paëz! murmurèrent les pâtres en se regardant, celui qui a défendu le Maure?... Il peut passer. Passez, seigneur don Paëz, et que le prophète, que vous niez, vous prenne en pitié et vous garde!

— Voici des gens courtois, fit don Paëz. Et il passa.

A une lieue plus loin, une nouvelle troupe l'arrêta. Il se nomma et passa encore.

— Morbleu! pensa le colonel des

gardes, ces braves gens sont bien reconnaissants pour quelques mots qui me sont échappés avant-hier et qui leur sont arrivés je ne sais comment; ils semblent se croire obligés de me laisser aller prendre possession des canons que je pointerai sur eux à la première occasion favorable.

Il était tard, don Paëz mourait de faim, aucune habitation ne se trouvait sur la route.

— Pardieu! s'écria-t-il, j'aimerais mieux qu'ils m'arrêtassent. Au moins, j'aurais un lit et un souper.

Don Paëz achevait à peine cette réflexion faite à haute voix, qu'un homme se dressa lentement d'une touffe de grenadiers et lui dit :

— Si le seigneur don Paëz veut passer avec moi jusqu'au château de *Madame*, il y trouvera une excellente hospitalité.

— Qu'est-ce que *Madame ?* demanda don Paëz, tremblant au souvenir de la gitana à laquelle les Bohémiens donnaient ce nom.

— C'est une princesse, répondit l'inconnu.

— Une princesse ! pensa don Paëz, ce ne peut être ma gitana ; à moins cependant que ce ne soit une princesse de la Bohème, une reine des fous habitant un château en ruines et ayant pour sujets des vagabonds et des voleurs ! Voyons toujours. Pour l'heure présente, je ne désire qu'une seule chose, un souper ; et après ce souper, je n'aurai d'autre souhait qu'un bon lit et des rêves agréables, de ceux que je fais tout éveillé, et qui ne se réalisent encore que dans le sommeil.

Après ce monologue, don Paëz talonna sa monture essoufflée et suivit son guide inconnu.

C'était un beau garçon, autant qu'en

put juger le colonel des gardes à la faible lueur de ce dernier crépuscule qui se prolonge assez avant dans la nuit et qui n'est que la réverbération de la terre encore brûlante, à cette heure, dans les chaudes contrées.

Le guide marchait d'un pas alerte, le poing sur la hanche, une main sur un vieux cimeterre de forme mauresque. Il portait la braye large et le turban vert et blanc des anciens maîtres du pays, et son visage olivâtre seyait à ravir à ce costume oriental.

A une centaine de pas du lieu où il s'était montré à don Paëz, il abandonna le creux de la vallée, et prit sur la gauche un sentier qui grimpait en rampes inégales au flanc ardu de la montagne.

— Diable! murmura don Paëz, mon souper serait-il bien loin?

— N'ayez crainte, seigneur don Paëz, répondit le Maure; nous n'avons plus qu'une demi-lieue à faire.

— Comment savez-vous mon nom?

— Qui ne saurait point le nom de notre généreux défenseur?

— Imbécille! pensa le colonel des gardes, tu ne sais donc pas que je suis nommé gouverneur de l'Albaïzin et que j'ai mission de bombarder l'Alhambra, si besoin est...

Le sentier était étroit et perdu sous les bruyères ; de plus, il côtoyait un torrent desséché, et il fallait to... l'instinct des chevaux qu'ils montaient, pour que les cavaliers ne roulassent point au fond de quelque précipice que les brumes de la nuit enveloppaient soigneusement.

L'œil de don Paëz plongeait dans les ténèbres et cherchait vainement un point lumineux qui lui montrât enfin ce château où l'on devait convenablement l'héberger.

Tout à coup le Maure fut arrêté par

deux hommes qui lui barrèrent le chemin :

— Où vas-tu ? lui demanda-t-on ?

— Chez Madame, répondit-il.

— Quels sont ces cavaliers ?

— Des Espagnols qui viennent de l'Escurial.

— Sont-ils prisonniers ?

— Non. C'est le seigneur don Paëz et son domestique.

— Don Paëz ! firent les nouveaux venus, celui qui protége les Maures ? Il peut aller où bon lui semble, en ce cas.

— Par le ciel ! exclama le colonel des gardes, ceci dégénère en mauvaise plaisanterie, et je ne croyais pas ma réputation aussi étendue.

Les deux Maures s'inclinèrent profondément sur son passage, et il continua sa route.

Le sentier montait toujours au flanc de la sierra, et don Paëz cherchait en vain. Rien ne lui présageait le voisinage d'une habitation, castel ou chaumière.

Enfin, aux rampes abruptes des chemins succéda un brin de plaine, puis une gorge étroite, — et les cavaliers se trouvèrent sur un point culminant, d'où ils purent apercevoir, autant que le leur permettait les vagues ombres de la nuit, une petite vallée au fond de laquelle étincelait une construction féodale, illuminée de la base au faîte.

— Voilà le château, dit le Maure conducteur

— Ah! enfin, fit don Paëz avec un soupir de soulagement.

En ce moment, la lune se leva derrière les montagnes voisines, et ses premiers rayons, tombant sur la vallée, firent resplendir comme un miroir les eaux d'un petit lac, au bord duquel surgissait le château.

A la clarté tremblante de l'astre nocturne, le colonel des gardes examina cette demeure où il allait passer la nuit, et le paysage qui l'environnait.

Le castel et la vallée avaient un charmant et poétique aspect. Ce n'était plus le château-fort morne et désolé sur son roc aride de la vieille Castille ou du pays de Léon, ni la gorge brûlée du soleil, sans eau et sans ombrage, comme on en trouve à chaque pas sous le ciel espagnol; — c'était au contraire une jolie construction arabe, blanche, coquette, aux vitraux coloriés, aux tourelles sveltes aux nervures élégantes, au toit pointu à flèches multipliées — une délicieuse maison de campagne, baignant son pied mignon dans les flots bleus et tranquilles d'un lac, ayant une ceinture de bosquets et de prairies, de grands sycomores secouant leurs verts panaches sous les fenêtres; et, tout autour du lac, des bouquets d'orangers, de citronniers et de grenadiers poudrés à frimats par le printemps ou diaprés de rouge comme une coquette qui ne dit plus son âge.

Au nord du château, c'est-à-dire dans une direction opposée au lac, s'étendait un jardin que celui des Hespérides n'eût point dédaigné pour rival, et où l'on devait trouver aisément des fleurs, des fruits et des parfums.

Don Paëz ne vit point tout cela distinctement, mais il le devina, et il poussa sa monture avec une joyeuse impatience.

Le sentier qui descendait au château était désormais uni, sablé, facile comme une route battue par des pieds de fée et qui s'assouplit à ce léger contact. Une double haie de saules pleureurs, d'aulnes tremblant au moindre souffle, de pommiers en fleurs et de jaunes mûriers, l'escortait jusqu'à la grille d'entrée, qui remplaçait le pont-levis. Les chevaux se laissèrent séduire par ce chemin facile, et, malgré leur lassitude, ils prirent le trot.

— Seigneur don Paëz, dit alors le Maure en montrant au cavalier les lumières scintillant çà et là aux croisées des divers étages, vous le voyez, on nous attend.

— Bah! répondit le colonel des gardes, vous, peut-être, mais moi?

— Vous, seigneur don Paëz; Madame savait que vous deviez passer cette nuit.

— Par exemple! grommela don Paëz, il paraît que la police de votre princesse est mieux faite que celle de l'Inquisition?

— Il le faut bien, fit modestement le Maure; sans cela l'Inquisition aurait déjà brûlé ce château, sous le prétexte qu'on y adore Mahomet.

— Votre princesse est donc musulmane ?

— Je ne sais trop, murmura le Maure, qui devint sombre tout à coup.

Les chevaux s'arrêtèrent, hennissant à la grille.

La grille s'ouvrit, don Paëz entra.

Une douzaine de Maures, portant, non plus les haillons des pâtres, mais de splendides costumes nationaux, attendaient dans la petite cour ombragée sur laquelle ouvrait le blanc péristyle du château, et qu'arrosait une fontaine jaillissant des lèvres d'un triton.

Ils entourèrent don Paëz avec force marques de respect et lui dirent :

— Seigneur don Paëz, votre souper est servi depuis dix minutes. Voulez-vous nous suivre à la salle à manger ?

Les uns s'emparèrent de son cheval pour le conduire à l'écurie, les autres, portant des torches, le précédèrent et lui firent gravir un grand escalier de marbre jaune à chaque repos duquel de vastes corbeilles de fleurs et des orangers, tout entiers poussés dans des caisses, jetaient d'enivrants et tièdes parfums.

Le cavalier était émerveillé et croyait faire un rêve.

Jamais, en lisant les romans de chevalerie des conteurs arabes ou espagnols de l'époque, il n'avait vu description de fée qui approchât de cette réalité.

Ses guides lui firent traverser plusieurs galeries, décorées avec ce luxe coquet quoique lourd des palais arabes, puis ils l'introduisirent dans une dernière salle entièrement meublée à l'esgnole, où la table était dressée.

Une exquise courtoisie de la fée du logis avait dicté sans doute ce changement de décoration et d'ameublement.

Elle n'avait point voulu assujettir aux coutumes orientales un homme qui n'en avait point l'usage.

Les tentures étaient des tapisseries de haute lice, les siéges sculptés étaient garnis en cuir de Cordoue cloué d'or; quelques tableaux de prix de l'école italienne, alors dans toute sa splendeur, et de l'école espagnole, presque à son aurore, ornaient les murs; une horloge, des premières inventées, faisait entendre en un coin son uniforme et monotone respiration.

Le génie arabe ne s'était réservé qu'une chose dans cette salle toute castillane — un jet d'eau placé au milieu, et des fleurs, des corbeilles de fruits semés çà et là à profusion.

Don Paëz s'attendait à trouver enfin son hôtesse dans ce dernier salon ; — mais il n'aperçut que son Maure Juan, qu'on avait conduit par un escalier dérobé, et qui, derrière le fauteuil réservé à son maître, se tenait prêt à le servir à table.

Ce qui étonna plus encore don Paëz, c'est qu'un seul couvert était mis.

La table était servie cependant avec une somptueuse prodigalité et les mets qui fumaient et répandaient leurs parfums délicats à l'entour, étaient en assez grand nombre pour satisfaire l'appétit d'une douzaine de gardes du roi affamés par une journée de chasse.

Les vins exquis de Malvoisie, de Xérès et de Malaga, le Lachryma-Christi et autres crus merveilleux miroitaient et étincelaient à la clarté des bougies dans des flacons de cristal aux arabesques d'or.

Don Paëz se tourna vers ses conducteurs :

— Souperai-je donc seul ? demanda-t-il.

— Madame a soupé, lui répondit-on.

—Ah!... Ne la verrai-je donc pas ce soir?

Les Maures haussèrent les épaules d'une certaine façon qui signifiait qu'ils n'en savaient absolument rien, et qu'il leur était impossible de le renseigner le moins du monde.

— Quand Votre Seigneurie aura besoin de quelque chose, ajouta l'orateur ordinaire, elle voudra bien frapper avec cette baguette sur ce timbre. Votre Seigneurie a besoin sans doute d'être seule et de méditer. Son souper est servi; nous lui laissons son domestique pour la servir.

Et les Maures s'inclinèrent avec respect et se retirèrent, laissant don Paëz seul avec Juan.

— Après tout, la princesse inconnue qui m'héberge a une étrange manière de recevoir ses hôtes ! Mais le souper est délicieux, en apparence, du moins. J'ai faim, soupons !

Sur un signe qu'il fit, Juan découpa un quartier de venaison, tandis que lui-même, don Paëz, se servait amplement d'une bisque de perdreaux aux truffes de Guienne.

Un homme qui a faim et soif n'a pas le temps de réfléchir. Le colonel des gardes fit largement honneur au souper succulent de la princesse mystérieuse ; il vida gaillardement les deux flacons, et, arrivé enfin à cet état de béatitude inexprimable qu'on éprouve après un excellent repas, il se renversa mollement sur le dossier de son fauteuil et se prit à rêver.

Les fenêtres étaient ouvertes ; l'air embaumé des jardins entrait à flots et se mariait aux parfums de la salle; la lune, d'une pureté extrême, éclairait en plein le lac et les coteaux voisins, répandant sur ce vallon frais et charmant une teinte de mélancolie vaporeuse à laquelle une âme plus vulgaire que celle de don Paëz se fût abandonnée tout entière.

De la place qu'il occupait, notre cavalier apercevait une partie du paysage qui entourait le castel maure.

Il se laissa aller à le contempler, oubliant pendant une heure ses rêves d'ambition, pour se dire que si la princesse était aussi belle que le castel et ses alentours, bien heureux serait l'homme qui posséderait son amour.

Et involontairement encore il songea à la gitana.

— Elle était bien belle! murmura-t-il, et jamais femme ne m'a frappé comme cette reine en haillons. Son amour doit être une enivrante chose pour un homme capable de le comprendre et de le partager... tandis que moi...

Don Paëz allait blasphémer sans doute une fois de plus, quand les sons d'un brillant orchestre résonnèrent sous la croisée. C'était une sérénade, politesse toute castillane que lui faisait son hôtesse inconnue.

Les instruments étaient, pour la plupart, des instruments à cordes d'une harmonie parfaite, et ils palpitaient sous des mains habiles.

D'abord la musique fut brillante, animée, presque joyeuse comme une danse mauresque ou un boléro de muletiers et de majas; ensuite elle prit une tournure grave comme un chant d'église, un psaume débité par les voix sourdes d'une communauté de Bénédictins, derrière les vitraux d'un cloître, entre minuit et deux heures du matin — enfin, les notes sévères s'adoucirent par degrés, puis revêtirent un cachet de mélancolie si rêveuse et si triste que le cœur de marbre du cavalier remua dans sa poitrine et qu'il sentit une larme obscurcir la prunelle de son œil noir. — Puis encore, il vint un moment où cette musique fut tellement poignante que don Paëz éprouva une violente douleur, et porta alternativement sa main fébrile de sa poitrine à son front.

Et l'image de la gitana reparut plus séduisante, plus belle mille fois dans son souvenir troublé.

Alors l'infante aux bras d'albâtre, le sombre Philippe II son père, cette maison du roi si brillante qu'il commandait, ces courtisans jaloux acharnés à sa perte, ce frère qu'il aimait comme son enfant, cet enfant perdu qu'il fallait retrouver pour lui conquérir un trône, tout ce qui remplissait l'âme et la tête de don

Paëz s'évanouit et s'effaça... La gitana seule resta debout avec son enivrant et fier sourire aux lèvres, son regard magnétique, ses mains et ses pieds de reine, sa chevelure noire et crêpée, que l'imagination de don Paëz se plut à dérouler en flots capricieux pour voiler des épaules délicieuses.

Et la musique résonnait toujours, magique enchanteresse, à la voix de laquelle don Paëz semblait se métamorphoser peu à peu et perdre sa sauvage humeur. Un moment cependant il parut vouloir se réveiller de ce songe qu'il croyait faire, et contre lequel protestaient son égoïsme et son orgueil ; — mais, soudain, une porte s'ouvrit à deux battants, un Maure parut et annonça :

— Madame !

Et don Paëz, qui s'était levé à demi, retomba dans son fauteuil et poussa un cri étrange où se fondirent la joie et la terreur, l'angoisse et la folie, le désespoir et la défaite et les enivrements du rêve enfin réalisé.

Une femme éblouissante de pierreries, portant des vêtements de soie et d'or, sous lesquels sa peau transparente et veinée avait la blancheur et l'éclat d'un marbre antique; une femme aussi belle que la peut rêver un poète du désert, plus belle que cet idéal des peintres, qui n'est que matière et couleur et à qui manque l'expression ; — une femme auprès de laquelle auraient pâli toutes les infantes de toutes les Espagnes, les Allemandes les plus vaporeuses, les plus fraîches filles de France et la reine de Navarre elle-même, entra d'un pas lent et grave et s'approcha de don Paëz qui frémissait et tremblait sur son siége comme une feuille qui tournoie au souffle du vent.

— Bonjour, seigneur don Paëz, lui dit-elle, je vous attendais...

Jusque-là le cavalier avait cru faire un songe; jusque-là il n'avait pu se convaincre que cette créature sublime qui portait dans ses cheveux plus de diamants que le roi d'Espagne n'en avait dans ses coffres, fût cette gitana, vêtue d'oripeaux, qu'il avait entrevue l'avant-veille.

Mais c'était le même son de voix, et au tressaillement inexprimable qu'elle lui fit éprouver en l'effleurant de sa main, don Paëz ne douta plus et s'écria :

— La gitana! la gitana ici?

— Tu vois bien, don Paëz, fit-elle avec une douceur fascinatrice, que je ne suis point une gitana ordinaire, car ce palais, ces serviteurs, cet or, ces diamants sont à moi...

Don Paëz était muet et pâle et attachait sur elle un regard éperdu.

— Je suis une princesse maure, don Paëz, reprit-elle; une fille des anciens rois, qui haïssait l'Espagne, et qui, ne sachant plus comment nuire à ses oppresseurs, s'était faite chef de bandits pour dépouiller le plus d'Espagnols qui tomberaient en son pouvoir...

Don Paëz fit un geste de dégoût.

— Oh! reprit-elle, rien de ce que tu vois ici, don Paëz, n'est le fruit de nos rapines. Notre butin servait à acheter et à fabriquer des armes pour nous venger. Tout ce luxe qui t'environne, tout ce qui brille à tes yeux provient des trésors de mes ancêtres, et tu n'en vois qu'une faible partie. — Tiens, don Paëz, viens voir si en détroussant des hidalgos ruinés et des courtisans endettés, si même en pillant les gabelles du roi on pourrait ramasser en vingt ans la moitié de mes richesses.

Elle le prit par la main et l'entraîna vers la porte des appartements par où elle était arrivée. Au contact de cette main, aux caresses mystérieuses de cette voix, don Paëz, le robuste et le fort, l'insensible et l'orgueilleux frissonna et fut pris du vertige. Allait-il donc être vaincu?

FIN DU PREMIER VOLUME.

TABLE

Des chapitres du premier volume.

Chap. I. 5
— II. 29
— III. 47
— IV. 77
— V. 117
— VI. 155
— VII. 237
— VIII. 263

Fin de la table du premier volume.

Fontainebleau, — Imp. de E. Jacquin.

En vente

LES MÉMOIRES D'UN VIEUX GARÇON
par A. de GONDRECOURT.

LA BELLE GABRIELLE
par AUGUSTE MAQUET, collaborateur d'ALEXANDRE DUMAS, auteur du COMTE DE LAVERNIE, etc., etc.

LES CATACOMBES DE PARIS
par ÉLIE BERTHET.

LES PAYSANS, SCÈNES DE LA VIE DE CAMPAGNE
par H. DE BALZAC.

LA FÉE DU JARDIN
par madame la comtesse DASH.

LA ROCHE SANGLANTE
par MOLÉ-GENTILHOMME, auteur de ROQUEVERT L'ARQUEBUSIER, etc., etc.

LES CAVALIERS DE LA NUIT
par le Vicomte PONSON DU TERRAIL, auteur de la Tour des Gérfauts, etc., etc.

Paris. — Imprimerie de G. Gratiot, rue Mazarine, 9.

Texte détérioré — reliure défectueuse

N° 24 bis 120.1

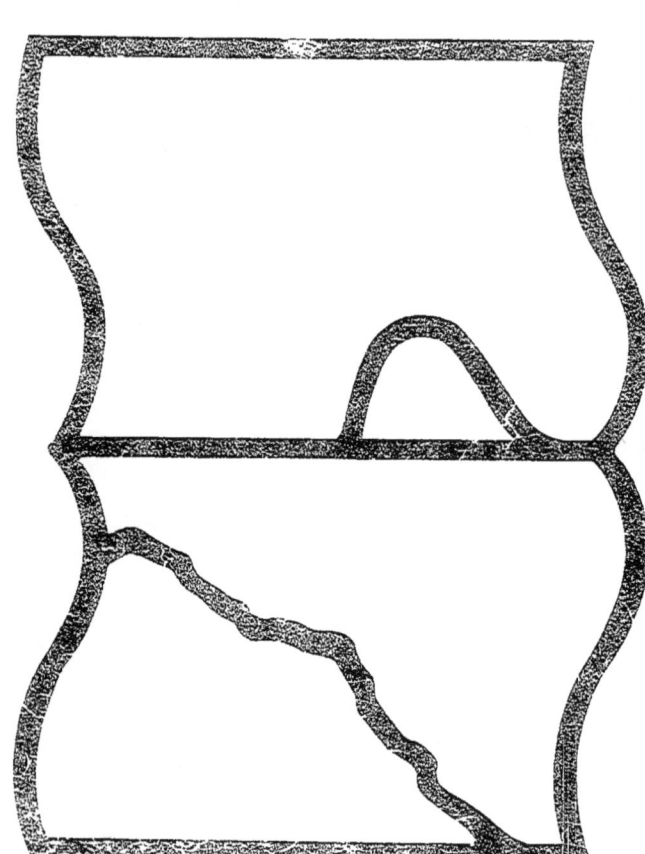

Contraste insuffisant

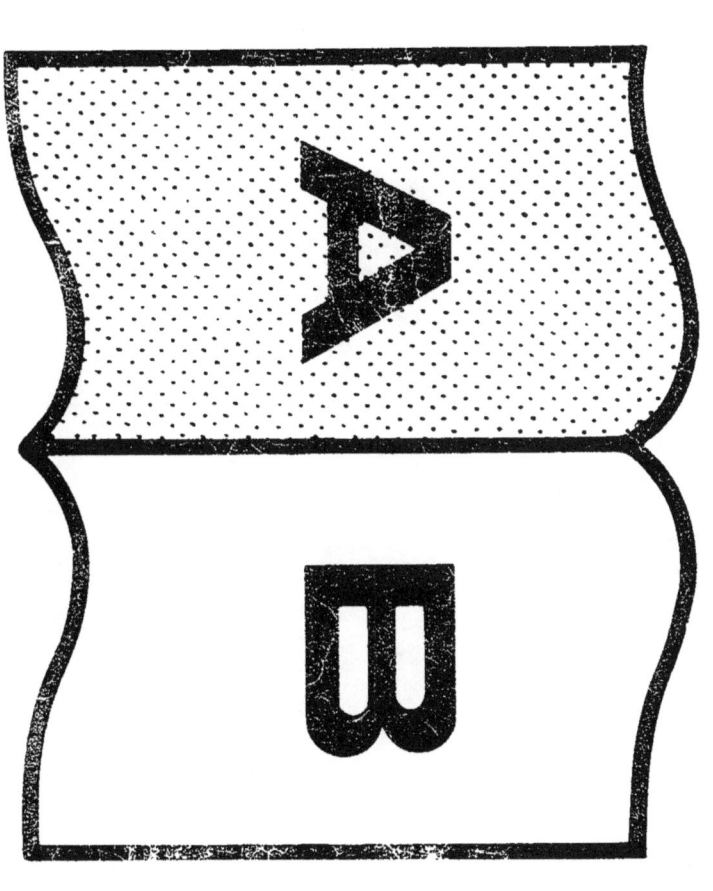

www.ingramcontent.com/pod-product-compliance
Lightning Source LLC
Chambersburg PA
CBHW060356170426
43199CB00013B/1882